Sibylle Plogstedt
Niemandstochter

SERIE PIPER
Band 1330

Zu diesem Buch

Die Journalistin Sibylle Plogstedt ist – wie viele Kinder der Nachkriegsgeneration – ohne Vater bei der Mutter aufgewachsen. Nach einer tiefgehenden Beziehungskrise in der Lebensmitte, die sie die Bedeutung der Vaterlosigkeit erfahren läßt, macht sie sich auf die Suche nach dem Vater. Aus Bildern, Dokumenten, aus Erzählungen der von ihr entdeckten Halbbrüder rekonstruiert sie – Jahre nach dem Tod des Vaters – das Bild eines Mannes, das sie nun nicht mehr idealisieren muß. Das vorliegende Buch ist der Bericht dieser Vatersuche, eines tiefgehenden, nachholenden Entwicklungsprozesses und der Gefühle, die er auslöst.

Sibylle Plogstedt, geboren 1945 in Berlin, Studium der Sozialwissenschaften in Berlin, 1969 politische Haft in Prag. 1976 Mitbegründerin der feministischen Frauenzeitschrift »Courage«. Lebt als freie Journalistin in Bonn.

Sibylle Plogstedt

Niemandstochter
Auf der Suche nach dem Vater

Piper
München Zürich

SERIE PIPER
FRAUEN

Redaktion: Ingrid Veblé-Weigel

ISBN 3-492-11330-3
Originalausgabe Juni 1991
2. Auflage, 9.–13. Tausend Dezember 1992
© R. Piper GmbH & Co. KG, München 1991
Umschlag: Federico Luci,
unter Verwendung des Gemäldes »Mädchenporträt« (1982)
von Adelechi-Riccardo Mantovani
Archiv für Kunst und Geschichte, Berlin
Foto Umschlagrückseite: Klaus Siebahn, Bonn
Gesamtherstellung: Clausen & Bosse, Leck
Printed in Germany

Für mich

Protokoll einer Therapie

Inhalt

Das Bild

Mit acht Jahren fand ich sein Bild. Auf mich gerichtet, berührten seine Augen mich, hielten mich fest. Wie hypnotisiert saß ich auf dem Teppich im Wohnzimmer meiner Großmutter, das Foto vor mir auf dem Fußboden. Er strahlte so etwas Zartes aus, das mich anzog. Meine Mutter war wütend, verletzt. Ich sollte nicht heimlich in ihrem Schrank suchen. Kurz faßte sie sich, um ernst mit mir zu reden: »Das ist dein Vater. Das Foto habe ich für dich aufgehoben, du bekommst es, wenn du groß bist. Damit du einmal siehst, wie dein Vater ausgesehen hat.« Meine Mutter nahm das Bild an sich, die graubraune Pappe verschlang es, der Bindfaden schnürte ein wie ins Fleisch. »Jetzt brauchst du das ja nicht mehr«, sagte sie, »jetzt sind wir ja eine neue Familie, du, der Vati und ich.«

Bei dem Bild lag die Akte um das Unterhalts-Verfahren. Streit um Geld. »Dein Vater hat nicht einmal einen Dauerauftrag gemacht, damit nicht auffällt, daß es dich gibt.« Ihre Verachtung traf mich, als sie die Klageschriften mit dem Bild wegschloß. Ich war wie gelähmt: »Mutti, ich wollte doch nichts Schlimmes machen. Ich wollte nur sehen, wer das ist.« Wenigstens gab es diesmal keinen Stubenarrest.

Ich wartete. Gerade weil es einen neuen Vater gab, wollte ich etwas über den richtigen erfahren. Daß das Bild nicht verschwunden war, wußte ich. Heimlich sah ich es mir noch einmal an und probierte, seine Handschrift zu entziffern. Aber ich scheiterte daran. Auf die Dauer hoffte ich jedoch: Irgendwann wird das Bild wieder auftauchen, irgendwann bin ich groß genug. Jedes Weihnachten das Geraschel hinter der Tür, die Weihnachtsgeschenke wurden dort versteckt, wo das Bild lag. Ob das Foto wohl diesmal mein wird? Hätte ich es auf den Wunschzettel schreiben sollen? Aber Mutti war doch so entsetzt, als ich Vaters Bild fand. So etwas darf ich nicht wünschen.

Meine Mutter durchbrach mein Warten nicht. Ich stand vor einer Mauer des Schweigens. Wie nach einer Scheidung hielten alle zu ihr und begriffen nicht, daß sich ihr Nichtreden gegen mich richtete. Jedes Wort, das über anderes sprach, erstickte mich, Wort um Wort. Ich hörte auf zu sprechen. Erst mußte die Niemandslücke gefüllt sein!

Dann auf einmal, ich war zwölf, redete eine. »Du wolltest doch immer etwas fragen«, sagte die Nenntante mir auf den Kopf zu. Ich griente unsicher und fühlte mich ertappt. Mir fiel nur ein, daß ich schon immer wissen wollte, woher Kinder kommen. Das wagte ich aber nicht zu sagen, das war unanständig. »Und über deinen Vater«, drang sie in mich. Ich heulte los: »Was soll ich denn wissen wollen?« Meine Mutter war gräßlich wütend, als sie mit Vati, so nannte ich den Stiefvater, aus dem Theater kam. Ich schrie verzweifelt auf: »Sie hat doch nur gesagt, daß er ein guter Mensch ist, und daß ich darüber ganz sicher sein könne. Und daß es noch jemanden anderen gab, den er lieb hatte. Und daß ich zwei Brüder habe.« So wie Mutti guckte, hieß das wohl, ich durfte das nicht wissen.

Niemand hat mich lieb

Alle Fragen waren zu Hause erlaubt, nur nicht die entscheidende. Die war seit meiner Kindheit strafwürdig. Noch heute, mit 76 Jahren, fürchtet meine Mutter den Vorwurf, sie habe ein Lotterleben geführt, sobald ich öffentlich meine nichteheliche Herkunft erwähne. Die Macht ihres Schweigens lähmte mich. Es brauchte mehr als vier Jahrzehnte, bis ich den Mut aufbrachte, nach meinem Vater zu fragen.

Meine Vatersuche beginnt nicht als bewußter Schritt. Sie bricht aus mir heraus, als ich befürchte, eine Liebe zu verlieren. In einem Strudel von Angst hin- und hergerissen, suche ich wahllos nach Halt, packe mal hier, mal dort in meiner Geschichte zu, um mich an den eigenen Wurzeln aufzurichten. Es ist mein Versuch, unsere Liebe zu retten. Die Bilder, die in mir entstehen, schreibe ich ihr in Briefen auf.

»Ach Liebes,

der Schmerz nach unserem Trennungs-Telefonat war so groß, daß ich alles Arbeiten sein lassen muß. Daß Du Zeit für Dich brauchst, um Dich in unserem Beziehungschaos zu entscheiden, läßt mich in Panik geraten. Aber wo finde ich Halt? Meine Sicherheit warst doch Du!

Etwas stimmt nicht mit mir. Der Kummer über unsere zeitweise Trennung sei normal, meint meine Therapeutin, die ich um Rat gefragt habe, seine Tiefe jedoch nicht. Noch sei die Entscheidung ja nicht gegen mich gefallen. Sie rät mir, über den Begriff ›Vater‹ nachzudenken. Das beginne ich mit Hilfe dieses Briefes, obwohl ich gar nicht weiß, ob es gut ist, Dir noch zu schreiben.

Zu Vater fällt mir der Erlkönig ein: das Kind, das gerettet werden soll, dann doch in den Armen des Vaters stirbt. Noch als Halbwüchsige hätte ich mit dem Kind im Erlkönig getauscht. Für dieses bißchen, wenn auch vergebliche Fürsorge hätte ich mein Leben gegeben. Ich habe offenbar nicht nur die Phantasie, andere zu retten, Dich zum Beispiel, sondern will auch selbst gerettet werden. Anlässe dazu habe ich in meinem Leben genug gegeben – nur ist mein Vater nie gekommen. Niemand ist gekommen. Lange genug gewartet habe ich ja.

Dieses Gefühl, auf einmal wieder nichts zu sein, nur weil mich niemand aus Liebe rettet, ist bodenlos. Das sind Momente, in denen ich nicht mehr an meine Kraft komme, durch Krisen ganz tief hindurch muß, heulend und schreiend. Da könnte ich mich im Staub wälzen. Die Demütigung, nicht geliebt worden zu sein, sitzt so tief, daß ich gar nicht weiß, wie ich sie aus mir herausbekommen soll. Meinen Vater bin ich jahrzehntelang losgeworden, indem ich ihn vergaß. Aber das Gefühl von Leere, das er in mir hinterlassen hat, kommt immer wieder hoch. Was nützte es also, Dich zu vergessen?

Von meinen Phantasien, mich als Dienstmädchen unerkannt in das Haus meines Vaters einzuschmuggeln, um ihn zu sehen, habe ich Dir erzählt. Ich war dreizehn oder vierzehn Jahre, als ich mir das vorgestellt habe. Auch darin steckte schon die Demütigung, die heute neu in mir geweckt wird. Was gibt es Furchtbareres als einen Menschen, der sich vor einem verbirgt, so daß man nicht an ihn herankommt? Der sich nicht dafür interessiert, daß es mich gibt und wie ich mich ohne ihn fühle? Der nur sein Leben lebt? Ich weine, weil die Parallelen so klar sind. Auch Du handelst, wie Du es brauchst, ohne Dich um mich zu kümmern. Ich habe doch auch ein Recht, glücklich zu sein.

Soll ich Dich etwa wieder mit Deinem bisherigen Freund teilen? Schon als Kind wurde mir beim ›Vaterunser‹ mulmig. Dabei beschlich mich ein Gefühl, das ich jetzt entziffere: Da gibt es einen Vater, und den soll ich mit allen anderen teilen. Ich hatte doch nie einen. Ich hätte ihn ganz gebraucht. Wenigstens Dich will ich deshalb für mich haben, wie einst die Mutter, ganz für mich. Kein Stiefvater soll sich ein zweites Mal zwischen mich und meine Liebe schieben. Ja, irgendwo hat mich Dein Freund stets an den erinnert. Deshalb kann ich auch so schlecht freundlich zu ihm sein. Noch einmal darf mir der nicht in die Quere kommen.

Wenn ich das Wort ›Vater‹ ausspreche, bin ich anders, viel schwächer. Dann klingt das wie der Hilfeschrei einer Sterbenden. Da klingt nichts Lockendes mit, da gähnt nur Leere, ein einziger Hilferuf, endlich dieses Nichts mit Liebe zu füllen.«

Während des Schreibens, ich rufe immer ›Vater‹ dabei, verändert sich mein Ton, er wird fordernder, lauter. Vielleicht habe ich ja doch einen Anspruch auf meinen Vater. In mir entsteht ein Bild: Wie ein Kind strecke ich die Arme aus, ziehe einen Kopf näher. Ich spüre, es ist der meines Vaters, aber er hat kein Gesicht. Meine Stimme wird schnell heiser, als hätte ich mein Leben lang nach ihm gerufen. Dann schöpfe ich wieder Kraft, brülle plötzlich los, daß er mich bis in sein Grab hören kann. Wenigstens dort soll er sich nach mir umdrehen.

»Liebe, Du willst wissen, was das alles mit Dir zu tun hat? Du rufst es wach, stürzt mich durch die Angst vor dem Verlust in meine nie verheilte Kinderherzenswunde. Aus der brechen auf einmal Blut, Eiter, Fauliges heraus. Wie konnte ich mit diesem Schmerz in mir leben? Den verborgenen Abgrund in mir habe ich mein Leben lang ausgeblendet. Nun bin ich ganz tief hinuntergerutscht, bis auf den Grund. Wenn ich da durchkomme, wird alles besser sein. Wenn. Dann. Bitte komm zurück. Es tut so weh.«

Meine Gefühle brechen auf, strudeln durcheinander. Im Chaos vermischen sich der Schmerz über den Liebesverlust von heute und die Sehnsucht von damals. Was empfinde ich für den Vater, den ich nie traf, der nie versucht hat, mich zu sehen, der aber der erste Mann in meinem Leben hätte sein müssen? Mit 43 Jahren will ich ihm auf die Spur kommen. Ich nehme Hilfe in Anspruch. Die Therapeutin ermutigt mich, Undenkbares in mir zu spüren, aufzuspüren.

Habe ich den Vater in mir abgetötet? Nein, das konnte ich nicht. Ich habe ihn nur nie gefunden, ihn irgendwann auf Jahrzehnte beiseite gelegt, als ich an der Vater-Suche meiner Kindheit scheiterte. Da habe ich begonnen, aus Selbstschutz Wälle gegen meine Gefühle zu bauen, sie niemandem mehr zu zeigen.

Ich strecke meine Fühler aus ins Niemandsland, spreche ihn an: »Vater, wer bist du? Bist du die Leere in mir? Bin ich die Tochter von nichts? Bin ich deshalb niemand? Glaube ich darum: Mich liebt niemand?« Die Leere in mir ist so groß, da muß Platz für jemand gewesen sein. Mühsam entziffere ich meine Lebenschiffre: »Niemand, das bist du, Vater.«

Leere will gefüllt sein

Ich brachte das ABC meines Lebens nicht mehr zusammen. Daß ich unehelich geboren bin, fiel mir mit fünfzehn wie Schuppen von den Augen, als eine Nachbarstochter das aus meinen Erzählungen schloß. Ich war fassungslos. Allein war ich unfähig, aus dem späten Heiratsdatum meiner Mutter diese simple Folgerung zu ziehen. Ich verstand nichts, was meinen Vater betraf. Meine Mutter sagte, Vater sei in Hamburg ein hoher Beamter. Auf dem Bild hatte er doch ein Nazi-Abzeichen? Mit zweiundvierzig Jahren erst fiel mir auf, daß er kein Nazi geblieben sein konnte. Ich überlegte, ob er als Hamburger Beamter wohl Mitglied der SPD war.

Mein Denken wurde umgeleitet, sprach scharfsinnig auf alles Verbotene an. Ich begann zu rebellieren, brach alle Tabus, eins nach dem anderen. Ich wurde politisch radikal, verbrachte meine Nächte mit -zig Männern, geriet nach der russischen Invasion mit einer tschechischen Widerstandsgruppe in Prag ins Gefängnis, bekam drei Jahre nach der Haftentlassung in Berlin Berufsverbot, ging in die Frauenbewegung, lebte mit Frauen. Ich überschritt alle Grenzen, nur nicht die zur Leere in mir. Die machte mir als einzige angst. Vor ihr saß ich bewegungslos wie vor dem Krater eines erloschenen Vulkans. Ich überdauerte, erstarrt wie Lavamasse, wie die Mumien von Pompeji auf den Reisebildern, die meine Mutter mir als Kind gezeigt hatte.

Leere will gefüllt sein. Nur mit Nähe gelingt das. Mit achtzehn wußte ich das nicht. Den Männern, die ich kennenlernte, konnte ich nicht nahe sein. Ich begann zu trinken, dann spürte ich niemanden. Sucht ersparte mir die Suche. Nachts nach der Szenebar konnte ich mit irgend jemandem ins nächste Bett verschwinden, um nicht allein zu sein. Aber nicht für lange, mehr als ein paar Tage brauchte ich das nicht. Bloß keine Gefühle mit ins Bett nehmen. Niemand hatte mich ja auch nicht lieb.

Ich versuchte es mit einer Vaterfigur. Die war anders als andere Männer. Nicht Deutscher, im Privaten konventioneller. Bei ihm konnte ich Familie schmarotzen. Jahrelang besuchte ich ihn täglich, weidete mich an seinen Späßen. Aber er war ja nicht mein Vater. Mein Geliebter konnte er nicht werden. Sobald Gefühle entstanden, verschloß ich sie in mir. Mit neunzehn baute ich an meiner Gleichgültigkeitsfassade, die besagte: Mir ist alles egal, mir kann keiner, mir tut niemand weh. Ein befreundeter Psychologe suchte mich, sobald er bei meinem Vaterfreund eintraf. Dazu öffnete er den Eisschrank, blickte hinein und fragte: »Wo ist denn die Sibylle?« So sichtbar hatte ich meine Seele auf Eis gelegt.

Das Naheliegende, Banale, Gewöhnliche interessierte mich nicht. Kleine Gedanken-Schritte verweigerte ich. Sie waren gefährlich, ich könnte mich ja selbst berühren. Ich lernte, in die Zukunft zu denken, ganz weit weg von mir Strategien zu formulieren. Da bewegten sich andere. Ich sprang nur weit, dorthin, wo ich mich nicht fühlen mußte. Mein Gefühlsersatz lag im hektischen Agieren. Ein Termin nach dem anderen, keine Minute für mich. Solange ich handelte, sah ich meine Angst nicht. Ich handelte immer.

Jahrzehntelang begegnete ich mir nicht, lebte von fremden Sensationen, ohne mich zu spüren. Aufgepeitschte Emotionen auf Demonstrationen, bei Besetzungen, Teach-ins. Dort verwandelte sich meine Trauer in Zorn. Lieber mit anderen in Gefahr geraten, als allein meinem Niemands-Ich ausgeliefert sein. Bloß nicht allein sein, denn da ist Niemand. Alleinsein dauert für immer.

Daß ich öffentlich zu sprechen lernte, verdanke ich einem Wutanfall. In einem Seminar durchbrach ich mein zu Hause antrainiertes Schweigen, als ich mit einer Text-Interpretation nicht einverstanden war. Plötzlich floß es aus mir heraus, Wort für Wort, Argument für Argument, ohne zu stocken. Der Dozent betrachtete mich erstaunt. Danach redete ich auf Versammlungen jeder Größe. Da mußte ich ja nicht über mich sprechen. Im privaten Kreis blieb ich einsilbig, eher schüchtern in mich gekehrt. Meine Mutter hatte von mir stets gesagt: »Bei der kommt kein Wort aus dem Gehege ihrer Zähne.« Wieso auch? Jede Silbe hätte verraten, wie niemandsnahe ich bin.

Niemand ist befördert worden. Die Nachricht kam vom Cousin meiner Mutter, der kannte Niemand. Meine Mutter erzählte es mir weiter. Ich war neidisch. Es gab also doch jemanden, der Niemand kannte und wußte, was er tat. In Gedanken umkreise ich die Stadt, in der Niemand lebte, wartete, einmal dorthin zu kommen. Als ich endlich in seiner Nähe war, war ich ratlos, wo ich meine Suche beginnen sollte. Die Angst vor Ablehnung machte mich ziellos. Ich gab mein Vorhaben auf.

Dann kam die Nachricht: Niemand ist gestorben. Der Tod von Niemand schmerzte nicht. »Endlich«, dachte ich erleichtert, »muß ich nicht mehr versuchen, ihn kennenzulernen.« Alle selbstquälerischen Phantasien, mich in sein Haus einzuschmuggeln, konnten ad acta gelegt werden. Ich war eine lästige innere Pflicht los. Mein Gefühl trog. Die Erleichterung trug so wenig wie mein Kindheitsvergessen. Es gibt keinen Tod für Niemand. Gefühle sind dauerhaft.

Platz für Niemand

Zwanghaft wiederhole ich seither die Muster, die das erste Verlassenwerden in mich eingegraben hat. Jede Zuwendung muß zum Verlassenwerden führen. Wo nichts ist, entsteht Sehnsucht. Wo Liebe ist, muß ich Nähe nachholen. Nähe ist lebensrettend. Entweder ich bekomme sie, oder ich sterbe. In der Liebe gerät mir alles zu nahe. Dann zerplatzt die Liebe wie eine Seifenblase: Der Platz für Niemand wird frei. Er muß frei bleiben, denn da, wo Liebe ist, gehört Leere hin. Die Liebe wollte mir Niemands Platz rauben. Nur Niemand hätte mich vor mir schützen können.

Ich beschreibe meiner Liebe den inneren Aufruhr, der mich so durchschüttelt, daß ich sie dabei fast vergesse:

»Tagelang war der Trennungsschmerz verschwunden hinter dem Bild meines Vaters. Ich weiß endlich: Mein Weg zur Liebe führt nur über meinen Vater. Ich bin dabei, die ersten Schritte gehen zu lernen. Doch immer mischt er sich in meinen Schmerz ein, ist plötzlich da, schiebt sich vor Dein Bild. Warum kann er mich nicht lassen? Ich muß doch klären, worüber ich Trauer empfinde. Ist es Dein Fehlen in meiner Gegenwart oder ist es seines, meine nichtgespürte Vergangenheit? Was für ein Mischmasch an Gefühlen.«

Was habe ich von ihm?

Zwei Jahre zuvor, nach einer anderen Trennung, habe ich schon einmal einen zaghaften Versuch gemacht, etwas über Niemand zu erfahren. Ich schrieb an das Hamburger Rathaus. Während ich den Brief tippte, paßte ich auf wie ein Luchs, daß mich keiner dabei ertappte: Niemand durfte sehen, daß ich meinen Vater suchte. Ein Rathausmensch rief zurück. Der Brief sei falsch gelandet. Niemand war beim Senat, nicht bei der Stadt beschäftigt. Mir fehlte die Kraft für den zweiten Anlauf. Erst heute, da mir eine weitere Trennung droht, drängt sich Niemand von neuem vor.

Während dieser halbherzigen Suche habe ich meine Mutter zu Weihnachten befragt. Da hat sie endlich begonnen, mir etwas von Niemand zu erzählen. Es ging leichter, als ich dachte. Meine Mutter hatte in Riga eine Wohnung gesucht. Dort war sie im Kriegseinsatz. Ein Adjutant war ihr bei der Zimmersuche behilflich: Er fragte Niemand, ob er in seiner Wohnung Platz hätte, die wäre doch so groß. Niemand nahm meine Mutter auf. Trotz des Krieges feierten sie viel. Die Frau von Niemand reiste besorgt an. Aber die beiden hatten damals noch kein Verhältnis. Niemand heftete sich erst an Muttis Fersen, als sie wieder in Berlin war.

Wie war Niemand? Wir liegen auf den Lederpolstern unterm Tannenbaum, sprechen, ohne uns anzublicken. Nur wenn wir uns nicht ansehen, jede für sich bleibt, können wir entspannt reden. »Was habe ich von ihm«, will ich wissen. »Dein Vater hat viel Überzeugungskraft gehabt«, sagt sie. »So wie du. Er hat immer in fünf Büchern gleichzeitig gelesen. Schon mit fünf hast du das getan. Er hatte einen scharfen Verstand und einen beißenden Sarkasmus.« Beides hätte ich auch. »Eigentlich«, sinnt sie nach, »bin ich gar nicht so sehr in ihn verliebt gewesen. Aber gegen seine Überzeugungskraft habe ich mich nicht zur Wehr setzen können.« Niemand wollte sich von seiner Frau scheiden lassen. Dazu brauchte es im Krieg als Erlaubnis ein Kind. Ich sollte die Erlaubnis werden.

Meine Mutter wohnte mit Niemand in Potsdam. Dort kam

Niemand her. Seine Mutter sei fair zu ihr gewesen, erzählte sie. Niemands Frau und seine Söhne blieben in ihrem Haus. Niemands Mutter war betrübt, doch sie beklagte sich kaum: »Entschuldigen Sie, es richtet sich nicht gegen Sie. Aber natürlich trauere ich meinen Enkeln nach.« Dann fielen Bomben auf Potsdam. Das Haus von Niemands Mutter blieb unversehrt. Das Haus von Niemands Frau wurde getroffen. Niemand drehte durch. »Ich vergnüge mich hier, während meine Frau und meine Kinder sterben.« Niemand machte einen Selbstmordversuch im Haus seiner Frau, wurde von Nachbarn gerettet. Da ging meine Mutter weg. Auf einen so wankelmütigen Niemand wollte sie die Zukunft ihres Kindes nicht gründen. Sie ging zu ihren Eltern zurück. Omi hatte sie schon vorher gewarnt, aber sie war dickköpfig. Seit meine Mutter Potsdam verlassen hat, ist Niemand niemand.

Wer kannte Niemand?

Meine Tante muß die Zeit miterlebt haben, als sich meine Mutter von Niemand trennte und zu ihren Eltern nach Ruhleben zurückkehrte, überlege ich. Auch die Tante hat damals noch bei meiner Großmutter gewohnt. Aufgehoben fühlte ich mich als Kind gerade bei der Tante, auch nachdem sie ausgezogen war. Sie hatte etwas von einer Ausgestoßenen. Vielleicht, weil in der Familie nach ihrer Heirat keiner den behinderten Sohn mochte. Um zur Tante zu kommen, radelte ich quer durch Charlottenburg. Menschliche Wärme gab es bei ihr im Überfluß. Nie war da etwas, das mir nicht zustand. Der Wurstanschnitt, den sie sich in der Markthalle zurücklegen ließ, war jedesmal anders, eine wunderbare Überraschung. Der wurde nicht zugeteilt. Von den gezählten Schinkenscheiben zu Hause mußte sich immer erst der neue Vati bedienen.

Wird die Tante mich verraten, wenn ich sie nach Niemand frage? Das darf sie nicht. Dann wäre meine Mutter traurig. Es fällt mir schwer, jemandem zu zeigen, daß ich mit etwas nicht zurechtkomme. Schließlich greife ich zur Feder und überschütte die Tante mit Fragen:

»Wie war das eigentlich 1945, als Mutti wieder zur Omi zog, nachdem sie sich von meinem Vater getrennt hatte? In was für einem Zustand war sie damals? Wie war das bei meiner Geburt? War sie über die Trennung verzweifelt? Vielleicht hast Du ja alte Fotos? Habt Ihr manchmal etwas zu dritt unternommen, Mutti, mein Vater und Du? Ich weiß, ich frage das alles sehr spät. Aber in meinem Kinder-Kopf hat sich seit damals ein Verbot festgesetzt: Danach darfst du nicht fragen, darüber darfst du nichts wissen. Langsam komme ich darauf, daß die Leere, die ich verspüre, vielleicht mit dem lebenslangen Nichtwissen über meinen Vater zusammenhängt.«

Ich füge noch die ängstliche Kinderbitte an, »Mutti nichts zu erzählen, mit ihr muß ich allein weiterreden«, als könnte ich den Brief ungeschehen machen. Das Risiko, mich an den Cousin meiner Mutter zu wenden, ist ungleich größer. Dennoch schreibe ich auch ihm:

»Nachdem ich mich nach mehr als zehn Jahren Mutti zuliebe einmal zum Familientag bewegt habe, da ich ja von Familie noch nie etwas gehalten habe, war ich enttäuscht, Dich dort nicht anzutreffen. Durch Euer Fehlen war mir die Familie nur wenig vertraut. Mit den vielen unbekannten Gesichtern war eine Verbundenheit für mich nicht herzustellen. Schade. Ich hatte, als ich Dich vermißte, einen Grund. Von Mutti habe ich immer wieder mal gehört, daß sie »aktuelle« Nachrichten über meinen Vater durch Dich bezogen hat. Ich möchte Dich nun bitten, mir ein paar Grunddaten über sein Leben mitzuteilen. Ich wüßte gern, wer ihn gekannt hat, wie die Namen seiner Söhne sind, und wo sie heute leben. Je älter ich werde, desto deutlicher wird in mir das Gefühl, daß ich mich um Teile in mir herummogele, solange ich so wenig über ihn weiß. Falls Du in einem

Archiv des Senats Fotos von meinem Vater auftreiben
könntest, wäre ich sehr froh. Ich würde sie mir dann hier
kopieren. Außerdem: Ich wüßte gern, wo er begraben
ist.«

Ich könnte doch auch nach Hamburg fahren, überlege ich, um
mich dort in die Senatsarchive zu setzen und selber nachzusehen.
Aber ich weiß nicht einmal, in welcher Senatsstelle er beschäftigt
war, unter welchem Senator und von wann bis wann. Nein,
mehr als diese beiden Briefe schaffe ich nicht auf einmal. Ich bin
noch nicht entschieden genug. Niemand soll von sich aus kommen, ich kann nur kleine Notzeichen geben. Ich brauche Geduld
mit mir: Ich habe so viele Tabus gebrochen, nun muß ich das
innerste, das der Leere auch brechen. Aber wie schwer ist das.
An dieser explosiven Mischung aus Ungeduld und Handlungs-
unfähigkeit zerberste ich fast.

Briefe an den unbekannten Vater

Niemand hat kein Gesicht. Bilder meiner Kindheit gehen mir
durch den Kopf. Ich versuche mir den Vater dorthin zu holen,
wo er nie war, will mich mit ihm neu sehen. Wie einen Zauber
spreche ich ihn an. Die Leere will gebannt werden. Ich rede mir
die Enttäuschung von der Seele, rutsche in meiner Lebenszeit
zurück, bis ich mal drei, mal sieben oder zwölf Jahre alt bin.
    Ich schreibe meinem Vater einen Brief. Der beginnt so wie der
an meine Liebe.

>»Ach Vater,
    es tut so weh, daß Du noch in mir wohnst. Ich dachte, ich
    wäre Dich längst losgeworden. Warum mischst Du Dich in
    mein Leben ein? Du, der sich nie, nie um mich gekümmert
    hat, der bestenfalls seinen Kuli gezückt hat, um eine Unter-
    schrift zu setzen auf eine Postanweisung mit einem ganz
    lächerlichen Betrag von sechzig Mark oder hundert für die

Alimente. War ich Dir so wenig wert? Bin ich so wenig wert?

Es hätte Dir gut angestanden, vor Deinem Tode reinen Tisch zu machen. Mir wenigstens noch zu sagen, daß Du weißt, was Du mir angetan hast, als Du Mutti hast gehen lassen. Wozu mußte ich auf die Welt kommen? Was sollte meine Zeugung denn beweisen? Etwa Deine Liebe zu Mutti oder Deine Entschiedenheit, die alte Familie aufzugeben? Warum habt Ihr mich nicht aus der Lüge zwischen Euch rausgelassen? Ich konnte doch nicht wählen. War es Dein wohlanständiges bürgerliches Leben wert, mich so zu verraten? Hast Du etwas gehabt von Deiner Karriere, der schönen Fassade mit Frau und zwei Söhnen?«

Wut packt mich. Endlich fließt durch die Leere Kraft zu mir zurück. Ich will sie festhalten, mich an ihr laben, doch hinter ihr steigt meine uralte Traurigkeit erneut auf.

»Dreiundvierzig Jahre schleppe ich Dich nun als einen blinden Fleck mit mir herum. Ich will nicht, daß das Bild von Dir so trüb und beschlagen bleibt. Ich will Dich sehen lernen, Dich zu fassen kriegen. Erst wenn Du spürbar Raum in mir einnimmst, kann ich mich mit Dir auseinandersetzen, wird die Leere verschwinden. Und meine unglaubliche Angst vor Liebesverlust.

Wie eine sitzengelassene Geliebte führe ich mich hier auf, ich weiß. Kein Wunder: Du tauchst unsichtbar immer dann für mich auf, wenn ich Dich am allerwenigsten brauchen kann, hängst Dich wie ein Sack voller Steine an meinen Schmerz, tust mir zu allem noch weh. Soll das vielleicht eine Hilfe sein? Trennungen sind doch so schon schwer genug.«

Jetzt kann ich meinen Niemand nicht brauchen. Aber wegschikken mag ich ihn auch nicht, bin zu froh, sein Dasein dieses Mal bewußt mitzubekommen. Ich fahre fort, mich an ihn zu wenden, damit er nicht wieder im Unfühlbaren versinkt. Es gibt so vieles, was er noch nicht über mich weiß. Endlich kann ich es ihm mitteilen, mit ihm teilen.

»Ja, früher hätte ich gern von Dir gelernt, Vater, hätte Dich all das gefragt, was ich nicht wußte. Hätte mit Dir getobt und gelacht, mit dir zusammen Mutti glücklich gesehen. Aber statt Deines Namens schrieb sie an ihr Boot ›Sibylle‹. Ich, immer ich, sollte für sie alles sein, ich, statt wir beide. Das konnte ich doch nicht, daran bin ich fast erstickt. Es war wie ein Gefängnis. Dabei wollte sie alles nur besser machen als ihre Eltern, mir nicht antun, worunter sie gelitten hat. Aber für sie hieß das, jeden Sonntag im Matrosenkleid im Tiergarten spazierengehen, sich nicht schmutzig machen oder geschlagen werden. Nein, ihre Probleme hatte ich nicht. Ich hatte andere. Die hat sie nicht gesehen. Ja, es stimmt, ich habe Mutti zugeredet, ihren Ernst zu heiraten. Aber konnte ich mit sieben Jahren denn ahnen, daß für mich damit alles schlimmer wird? Der neue Vati war acht Jahre jünger als sie, wirkte anfangs richtig jungenhaft, war eher ein Spielkamerad, kein Vater. Als er auftauchte, hatte er gerade mit einem Lokal Schiffbruch erlitten. Sie gab ihm einen Job. Als sie aber verheiratet waren und bei Omi auszogen, wuchs er ganz schnell aus seinen Nachkriegs-Hilflosigkeits-Schuhen heraus. Da wurde er ganz anders, ungenießbar und stinkstiebelig. Wenn ich seine Mauligkeit kopierte, wurde ich getadelt. ›Hoffentlich guckt sie sich nicht das Falsche von ihm ab. Er hat doch so viele gute Seiten‹, hörte ich Mutti zu Omi sagen. Und ob: Vom Falschen kann man sich nur das Falsche abgucken. Widerstand habe ich früh geleistet.

Dabei habe ich mich doch nach einem Vater gesehnt. Dich hätte ich gern nachgemacht, Vater. Bei Dir hätte ich mich nicht fragen müssen, ob Du etwas taugst, ob Du es wert bist. Obwohl es mir doch etwas schwierig schien: Deine Halbglatze, die ich als einziges vom Foto in Erinnerung hatte, hätte ich ja schlecht imitieren können. Das hätte wohl komisch ausgesehen. Aber deine Augen haben mich bis heute festgehalten. Mit den Augen halte auch ich meine Freundinnen.

Wenigstens Ball hättest Du mit mir spielen können. Mir fürs Zigarettenpokern die leeren Schachteln liefern können. Vielleicht hättest Du mir auch meinen Kindheitstraum erfüllt, hättest mir gezeigt, wie man eine Seifenkiste bastelt. Ich hätte so gern an diesen Rennen teilgenommen. So habe ich an der Hauswand hinter der Treppe in Ruhleben gespielt. Mein Partner war die rote Wand. Die warst Du. Genauso unnachgiebig. Aber von der Wand kam der Ball wenigstens zurück. Von Dir nicht.«

Das Erwachen des Vaters in mir läßt keinen meiner frühen Schmerzen aus. Alle brechen hervor, wollen geheilt werden.

»Vater, mit Dir wäre es Mutti nach 1945 auch nicht passiert, daß ich in der Keller-Wohnung halb blau gefroren wäre, weil nichts mehr zum Heizen da war. Du hättest mit ihr zusammen Holz und Essen beschafft. Und als der Roller umkippte und mir mit seinem Eisenlenker den Mundwinkel durchbohrte – Du hättest mich gleich ins Krankenhaus gebracht. Du hättest Dich nicht zufriedengegeben, daß man mir nur ein Pflaster draufklebt, weil der Arzt gerade zum Fasching ist.

Vater, mit Dir hätte ich Gefühle entwickeln können. Ich weiß, daß Du mich gern gehabt hättest. Dieses Gemochtwerden habe ich gebraucht. Auf Deinen Schultern wäre ich geritten. Vielleicht hättest Du dieselben Zaubertricks gekonnt wie mein Onkel. Der konnte aus meiner Nase einen Bonbon zaubern. Und da war vorher bestimmt keiner drin. Wenn ihr Tennis gespielt hättet, wäre ich Euren Bällen nachgejagt. Und ich hätte Dich herausgefordert, ich, die Kleine mit dem großen Schläger. Wie hätte ich Dir dabei gefallen. Du siehst: Ich habe so viele unerfüllte Wünsche an Dich. Ich kann sie dir kaum alle aufschreiben.«

Nein, durchfährt es mich, so stimmt meine Geschichte auch nicht. Ich bin ja dabei, meine Mutter zu verraten. Gerade sie hat doch alles für mich getan. Ich versuche, mich auf das Gute zu besinnen. Doch immer wieder rutsche ich in meine Altlast von Enttäuschungen zurück, sobald ich ihm berichte. Ich muß wohl akzeptieren, daß es mir nicht gelingen kann, fair zu sein, solange all das Unerledigte aufsteigt, das noch verarbeitet werden will. Es gerät zu einer vergeblichen Liebesmüh meiner Mutter gegenüber, wenn ich verzweifelt immer wieder am Positiven anzuknüpfen suche:

»Eigentlich bin ich als Kind doch ganz gut durchs Leben gekommen, Vater. Jedes Frühjahr habe ich mit Mutti in Ruhleben die Beete umgegraben. Sie wollte immer Tomaten und Erdbeeren. Ich hatte ein buntes Blumenbeet für mich allein. Mit Blumen konnte ich Mutti und Omi Freude machen. Im Frühsommer zog Mutti nachts mit Eimern los zum Murellenteich. Zu Hause verbreitete sich eine erwartungsfrohe Spannung, Töpfe mit Wasser wurden auf dem Gasherd heiß gemacht. In den Eimern brachte sie lebendige Krebse. Im brodelnden Wasser wurden die knallrot und steif. Später mußte sie immer Vorräte schaffen. Ganze Konservendosenlager stapelten sich bei ihr. Ich habe mich darüber lustig gemacht, daß sie so viel hortet, obwohl niemand kommt. Warst Du auch für Mutti dieser Niemand, auf den sie gewartet hat?

Mutti sagt, sie hätte Dich nicht wirklich geliebt. Sie sagt, sie wäre immer auf die falschen Männer hereingefallen. Du warst auch so ein Falscher. In ihrer Jugend wäre sie zu wählerisch gewesen, hätte nur ans Vergnügen gedacht, mit vielen getanzt und herumgeknutscht. Ein Vers ist mir hängengeblieben: ›Ilsebilse, keiner willse, kommt der Koch, nimmt sie doch.‹ Der neue Vati konnte kochen.

Meine Welt war draußen. Drinnen mit Puppen spielen, das war langweilig. Auch Bauklötze konnten mich nur halten, wenn ich krank war. Eingesperrt sein, allein sein war das Schlimmste. Das war, wenn ich Stubenarrest bekam. Dann

drückte ich mir wie im Winter die Nase platt an der Fenster-
scheibe und wartete sehnsüchtig, endlich wieder auf die
Straße zu dürfen. Nur ab und zu schlich ich mich zur Speisekammer, schloß mich darin ein, damit mich niemand er-
wischte. Irgendwann verschwand der Schlüssel. Heimlich
in die Speisekammer zu gehen war nach dem Krieg verboten.
Gruselig wohl fühlte ich mich, wenn ich zugucken konnte,
wenn Punktsybilles Vater Hühner schlachtete. Mit leichtem
Gruseln beobachtete ich, wie sie kopflos ein Stück des Weges
gingen, dann schwankend quer durch die Beete torkelten,
bis alles Leben aus ihnen war. Oder Punktsybille und ich
steckten unsere Köpfe zusammen und rührten so lange in der
verrosteten Jauchetonne, bis mal ein Kaninchen-, mal ein
Hühnerkopf an die stinkende Oberfläche kam.
Punktsybille wohnte über uns. Zu Punktsybille, meiner
Freundin, die knapp ein Jahr jünger war als ich, konnte ich
immer gehen. Sie hatte im Flur eine Schaukel, auf der schob
sie mich an, bis ich genug Schwung hatte. Mir kam es so vor,
als wäre die ganze Wohnung für sie eingerichtet. Nachmittags wurden unsere Gitterbetten zusammengeschoben, damit wir beide Mittagsschlaf hielten. Mit drei oder vier habe
ich versucht, ihr das ›Wurschteln‹ beizubringen. Ich machte
ihr vor, wie man die Beine anwinkelt und sie mit aller Kraft an
sich heranzieht. Punktsybille hat es ausprobiert, aber es hat
ihr keinen Spaß gemacht.
Wenn im Sommer der Fliederbaum zu blühen aufhörte,
tauchte aus dem Waschverschlag die Zinkbadewanne auf, in
der das Mädchen sonst die Wäsche einweichte. In der Wanne
durften Punktsybille und ich baden. Als Nackedei im war-
men Wasser sitzen, in der Sonne, mit einem weißen Hütchen
auf – was gab es Schöneres. Mit Punktsybille erklomm ich
den Fliederbaum. Wir gruben unsere Hacken in den Sand,
um Murmellöcher zu graben, und verzogen uns hinter den
grünen Bretterzaun, wenn ein Nachbar schimpfte. Auf der
Torstange wippend, schwatzten wir über die Zeit, die wir
ohne einander verbringen mußten.
Was ich selbständig machen konnte, war gut für mich. Ich

ging in die Laubenkolonien. Besonders die kleinen Hütten mochte ich. Manchmal trieb ich mich den ganzen Tag dort rum, blieb einfach bei den Leuten zum Essen. Einkaufen ging ich gern. Mit Omi oder Mutti, seltener mit dem Mädchen, das Mutti für den Haushalt eingestellt hatte. Am Anfang mußten wir in einer Schlange auf der Straße warten. Im Laden wurden die Lebensmittelmarken gezählt, die für Zucker und die für Fleisch und Kaffee. Die Schlange kam nur langsam voran. Aber die Nachbarn erzählten immer. Wenn es mir zu langweilig wurde, wuselte ich zwischen den Beinen der Erwachsenen weg, suchte mir zum Spielen Dieter mit der Rotznase. Oder ich setzte mich auf ein Mäuerchen, um nach Gerd Ausschau zu halten. Mit ihm habe ich im Rondell, einem kleinen Platz voller Büsche, Pozeigen gespielt. Aber wir wurden verpetzt. Mutti war böse, und wir mußten das sein lassen. Zu früh, denn so war ich die Betrogene. Ich war noch nicht dazu gekommen, ihn mir genau anzusehen.

Eigentlich war ich wie ein Junge. Auf dem Weg zur Schule verprügelte ich regelmäßig meine Freundin Brigitte. Dazu tat ich mich mit Gerd zusammen. ›Warum hast du mich damals eigentlich immer gehaun‹, hat sie mich Jahrzehnte später gefragt. Ich konnte ihr keine Antwort geben. Heute verstehe ich: Brigitte war die einzige, die noch schlechter dran war als ich. Sie lebte nur mit ihrer Oma und dem Onkel und der Tante. Sie war so schnell verzweifelt. Wenn ich sie schlug, brauchte ich nicht traurig zu sein. In ihr verprügelte ich meine Traurigkeit. Mutti hat mich darauf nie angesprochen. War das für sie kein Alarmsignal, daß ich meine Depression wegschlug? Oder war es zu eindeutig? Hatte sie Angst, danach zu fragen, weil sie die Antwort nicht hören wollte?

Mutti wollte stets, daß ich adrett bin. Schon mit zwei oder drei Jahren mußte ich zur Dauerwelle. Auf Fotos trage ich schwarze Lackschuhe, mit weißen Kniestrümpfen und farbigen Kleidchen, wie ein dressiertes Prinzeßchen. Im Stendelweg, knapp anderthalb Autos breit, schlendere ich mit

Omis Handtasche am Arm. Mutti knipste mich dabei. Die Nenntante fühlte sich aufgefordert zu einer ihrer familienbegleitenden Ermutigungen: ›Die Sibylle wird mal eine richtige Dame.‹ Nein, die wollte ich gewiß nicht werden. Mutti brauchte doch Unterstützung, Du warst ja nicht da. Wie hätte ich da ein Mädchen oder gar eine Dame sein können! Oft war ich bis zum Abend unterwegs, spielte mit den Jungen Fußball. Mal war ich Stürmerin, mal linksaußen Läuferin, mal stand ich im Tor. Wenn ich nach dem Ball hechtete, war ich mit ganzer Seele dabei, warf mich längs auf den Boden in den Dreck. Wir spielten in den Panzergräben Verstecken. Hinter der Ruhlebener Kaserne waren die noch auf Jahre erhalten. Manchmal fanden wir Munition aus leuchtendem Messing. Die Jungen haben die gesammelt. Ich blieb, bis ich zum Abendessen gerufen wurde. Siiibüüülle, schallte Omis Singsang vom Balkon durch Ruhleben. Meistens hörte ich es. Wenn nicht, gab es keinen Nachtisch.«

Von den erstaunten Ausrufen von Fremden: »Was, du hast keinen Vater?« blieb ich weitgehend verschont. Dafür waren damals zu viele Männer in Gefangenschaft geraten oder im Krieg gefallen.

»Mutti arbeitete, sie hatte keine Zeit. Sie hatte sich einen Lesezirkel aufgebaut, mußt Du wissen, und ihre Kunden anfangs alle selbst geworben. Erst hatte sie einen Raum unter unserer Wohnung. Später wurden es zwei. Im zweiten hatte sie ihr Chefinnenzimmer. Sie war die Respektsperson. Ich war stolz auf sie, auch wenn die Lehrerinnen irritiert guckten, wenn ich – nach dem ›Beruf des Vaters‹ gefragt – ›Kauffrau‹ angab. Aber Mutti hatte sich vom Amt bescheinigen lassen, daß sie kein Kaufmann war. Nachmittags war ich in Ruhleben ab und zu die Botin. Dann durfte ich die Lesemappen austragen. Als Sechsjährige bekam ich viel Trinkgeld. Manche gaben sogar fünfzig Pfennig. Die wanderten in die Spardose. Ich hatte immer Geld.
Wenn ich wollte, konnte ich zu Mutti ins Arbeitszimmer

rein. Außer es war mal jemand da, mit dem sie verhandelte. Oft stand ich lange neben ihrem Schreibtisch. Sie rechnete. Damit ich sie nicht störte, begann sie laut zu zählen. Dann verzog ich mich ins Vorzimmer zu der Nenntante. Die hatte bei Mutti Unterschlupf gefunden, so wie mein Stiefvater später auch. Nur der rückte schnell ins Chefinnen-Zimmer auf, erhielt einen Schreibtisch gegenüber von Mutti. Ziemlich bald saß er auch sonntags im Paddelboot. Ich saß ganz vorn, sie ruderte. Dann übernahm er auch das Steuer. Am Anfang habe ich mich immer verstohlen nach ihm umgesehen. Er hatte so weite Badehosen an. Aus denen hing alles heraus. Das sah komisch aus. Seit Opas Tod, der am Schluß nur noch in die Flasche machen konnte, hatte ich so etwas in unserer Familie nicht mehr gesehen. Am liebsten hatte ich Omi. Omi war immer da. Mit Omi übte ich Lesen und Englisch. Lesen konnte ich schlecht. Die Betonung kam einfach nicht hin. Omi war geduldig. Aber das mit der schlechten Betonung blieb, jedenfalls so lange, bis ich halbwegs mit mir im Gleichgewicht war. Aber das hat gedauert. Das meiste hat Omi für mich gerettet. Omi mit ihrer Hannoveraner Singsangstimme. Omi, die für mich etwas Feines war. Ich hatte immer den Eindruck von Feierlichkeit, wenn ich in ihrem Zimmer ans Bücherregal von Opa durfte und die Bilder von Danzig, das Kranentor und die Statuen aus Griechenland oder Rom anguckte. Die Postkarten, die Opa gesammelt hat, hebe ich noch heute auf. Als Omi siebzig wurde und eine frische, damals besonders kostbare Ananas und einen Baumkuchen bekam, habe ich ihr ein Gedicht geschrieben. Jeder Vers hatte einen Refrain. ›Jedes Alter hat seine Reize und jedes bringt das Glück‹, lautete der. ›Woher weißt du denn das‹, fragten die Erwachsenen ironisch. Dabei war ich so stolz auf meine Erkenntnis.«

Anerkennung habe ich nie genug bekommen. Später, als die Erfolge sich einstellten, konnte ich nicht mehr empfinden, was ich in der Kindheit gebraucht hätte.

»Danzig habe ich mir später genau angeguckt, immerhin hatte Opa über die Kanzelhäuser seinen Dr. Ing. gemacht. Der stand in fetten Lettern auf dem goldglänzenden Messingschild an unserer Haustür im Stendelweg. Als ich selbst promovierte, war ich erstaunt, daß das nicht ebenso feierlich gewürdigt wurde. Dabei ist Mutti sogar gekommen und hat mich an der Uni von der Prüfung abgeholt.

Ich glaubte, mich von meiner Vergangenheit lösen zu müssen. Nein, Vater, nein, weggeworfen habe ich nichts. Im Handeln war ich darauf bedacht, mein inneres Erbe abzuschneiden, aber gelungen ist es nicht. Es hat nur sehr lange gedauert, bis ich die Großbürgerlichkeit von Omi wahrnahm. Daß zu Omis und Opas Hochzeit von der Wisplerschen Möbelfabrik, die den Eltern von Omi gehörte, alle Möbel neu hergestellt wurden, war für mich nur ein liebenswürdiger Spleen von Opa. Der wollte alle Möbel neu. Alte Stühle wackeln nur, hat er gesagt. Auf dem nach Opas Skizzen zu Beginn des Jahrhunderts nachgebauten Biedermeiersofa sitze ich bis heute. Zwei Stühle vom dazugehörigen Eßzimmer habe ich noch retten können. Die standen kaputt bei Mutti im Keller, bis ich sie mir aufarbeiten ließ. Das war, als ich von meiner studentenbewegten Bananenkisten- und Matratzenkultur abließ und sich mein Leben nicht mehr auf dem Boden abspielte. Durch Omi konnte ich mir ein Lager für Erinnerungen anlegen. Wie sehr ich das einmal brauchen würde, beginne ich gerade erst zu verstehen.

Vater, warum begreife ich Gefühle so spät? Liegt das daran, daß ich Dich nie gekannt habe, ich einer Kuckucksfamilie ins Nest gelegt worden bin, einer, zu der ich nur halb gehörte? Wo mir ein Teil immer fehlte? Familie heißt für mich Mutterfamilie. Sie besteht nur aus Frauen. Paradoxerweise ging mir mit Muttis Heirat meine Familie verloren.

Beim Auszug aus Omis Wohnung war ich elf. Die neue Wohngegend bescherte mir Einsamkeit. Der große Garten, die Villa, waren wie ein Dauerarrest. So hatte ich Alleinsein vorher nie gekannt. Die Einsamkeit hakte sich in mir fest

29

und ließ mich nicht mehr los. Plötzlich war kein Platz mehr für mich da. Ich verkroch mich in der Hundehütte, die der neue Vati gezimmert hatte. Aber dahin gehörte der Hund.

Dieses Bild von der Hundehütte ist vor kurzem wieder aufgetaucht. Da hat mich in der Dreiecksbeziehung die Angst gepackt, weil ich mich außen vor fühlte. ›Aber mit einem Platz in der Hundehütte gebe ich mich nicht zufrieden‹, habe ich meiner Liebe entgegengeschleudert. Wie in Todesangst begann ich an ihr zu klammern. Das wollte ich nicht noch einmal erleben. Wärst Du in meiner Kindheit dagewesen, Vater, hätte ich nie solch ein Verlassensein durchleben müssen, müßte nicht so festhalten und dabei alles ersticken. Wahrscheinlich hätte ich mich auch nicht so oft in Dreiecksbeziehungen verstrickt.

Damit nicht genug: Ich grub mir eine Höhle unter der Erde, deckte eine alte Tür, Erde und Grasnarben darüber. Die sollten alles überwachsen, mich, die Leere, meine Einsamkeit. Niemand sollte sehen, daß da ein Versteck ist. Ich baute mir einen Kamin. Als das Feuer mich in der Erdhöhle wärmte, fühlte ich mich wohl und sicher wie im Uterus. Das Glück währte nicht lange. Dann kamen Mutti und Vati und schütteten die Grube über Nacht wieder zu. Am Morgen fand ich sie eingeebnet. Geredet haben sie vorher darüber nicht mit mir. Ich war sprachlos vor Trauer. Sie taten sich einfach gegen mich zusammen.

Ich flüchtete weiter an den Rand, bis an die äußerste Kante des Gartens, ganz hinten unter die Obstbäume, an die Mauer am Ende des Brennesselhangs. Dort saß ich in einer selbstgezimmerten Laube. Jetzt zog ich Grenzen: Ohne Erlaubnis durfte niemand zu mir rein. Mein kleiner Garten hatte einen Zaun. Im Haus verkroch ich mich ebenfalls in meine Bücher und in eine Dachkammer. Gab es in der Leihbücherei neben der Oberschule gerade nichts für Zwölf- bis Vierzehnjährige zu lesen – anderes wagte ich nicht zu nehmen –, wilderte ich auf dem Altpapierstapel von Muttis Lesezirkel, setzte mich zwischen die Zeitungstürme. Ich las aus den Lesemappen die Lore-Romane, sehnte mich nach dem Glück, das gewiß seine Erfüllung findet. Lange blieb meine Traumromanze mit dem Jäger, der seine Liebste rettet, nicht erhalten. Vati sah mich lesen. ›Erzähl mir die Geschichte‹, forderte er mich auf. Eifrig begann ich, sie ihm nachzuzeichnen. Dachte, ja hoffte, daß mir endlich mal jemand zuhört, nachfragt, was mich beschäftigt. Mitten in der Erzählung unterbrach er mich, erzählte mir den Schluß, das Happy-End, die Heirat. ›Wie kannst du das wissen‹, fragte ich verblüfft. ›Diese Geschichten gehen alle gleich aus‹, war seine Antwort. Dann stand er auf und ging. Wieder war mir ein Fluchtweg versperrt. Mitgestohlen wurde mir das Vertrauen ins Geschichtenerzählen, ins Anvertrauen.

Mutti fand sowieso, daß ich zu viel lese. Das hatte Wirkung. Jahrzehntelang konnte ich nur zu Büchern greifen, wenn ich sie für eine Arbeit brauchte. Vater, es hat so lange gedauert, bis ich mir selbst etwas gönnen konnte, und sei es nur, aus Lust einen Roman zu lesen.

Selbst Omi hatte nach unserem Auszug nicht mehr dieselbe Macht wie früher. Aus dem Büro sah ich, wie Mutti und Omi sich in der Küche stritten. Omi hatte sich eine Schnitte gemacht. Mutti war empört, daß Omi sich das herausnahm. In ihrem Hause, ohne zu fragen. Omis Antwort konnte ich nicht mehr verstehen. Als der Streit an Lautstärke zunahm, wurde die Küchentür zugemacht. Familienkrach vor Kindern gab es nicht. Ich sollte harmonisch aufwachsen. Mutti wollte für mich eine glückliche Kindheit. In der Familie streitet man nicht, Kinder dürfen nicht zanken lernen.

Dann wurde Omi krank. ›Leukämie‹, erklärte Mutti mir, ›ist eine Krankheit, bei der die weißen Blutkörperchen die roten fressen.‹ (Oder war es umgekehrt?) Omis Haut wurde immer weißer. Ihre Arme waren voller blauer Flecke. Im Krankenhaus lag sie an Schläuchen. Mutti war oft bei ihr. Nur die Nacht, in der Omi starb, nicht. Morgens kam der Anruf. ›Jetzt ist Omi tot‹, berichtete Mutti.

Ich durfte nicht mehr zu ihr. ›Tod‹, sagte sie, ›ist nichts für Kinder.‹ Ich hätte Omi so gern noch einmal im Sarg gesehen, nicht nur das Holz, die Blumen, die ernsten Gesichter der Trauergäste, die, einer nach dem anderen, mit Erde warfen.

In der Schule schrieben wir in dieser Zeit einen Aufsatz zum Thema ›Mein bester Freund‹. Ich überlegte, ob ich wohl einen habe. Dann schrieb ich über Omi, und wie verlassen ich mich ohne sie fühlte. Die Lehrerin rief Mutti an: ›Was ist denn bei Ihnen los!‹ Ich sollte den Aufsatz neu schreiben. Über unseren Hund. Ich bekam eine Zwei. Danach schrieb ich nur noch Dreien. Und nie mehr über meine Gefühle.

Vater, nicht einmal die Trauer hat man mir gelassen. Meine Gefühle hatten keinen Raum. Ich habe sie immer weiter weggesteckt. Nur das Positive sollte ich zeigen. Und Dankbarkeit für alles, was Vati für mich tat. Das Experiment Stiefvater war für mich gescheitert. Aber ich mußte noch viele Jahre warten, bis das auch für Mutti so war. Und da war es für uns längst zu spät.

Auch wenn es noch ziemlich ungewohnt ist: grüße ich Dich als Deine Tochter Sibylle.«

Wie sucht man einen Vater?

Der Vaterdruck wühlt unverändert in mir. Ich kann ihn mir nicht mit einem Brief von der Seele schreiben. Ich schaffe es nicht einmal, bei einer Freundin vorbeizufahren, um mit ihr zu plaudern. Ich brauche alle Zeit für meinen Vater. Daß meine Liebe sich nicht meldet, auf dem Anrufbeantworter keine Nachricht ist, verstimmt mich dieses Mal nicht. Die Angst, ›niemand braucht mich‹, hat sich verändert: Jetzt brauche ich meine Zeit für Niemand.

Ich spreche mit Frauen, die wie ich ohne Vater waren, brauche Vorbilder, Ideen, um zu lernen, wie und wo ich mehr über ihn erfahren könnte. Eine Freundin wird mir genannt. Die ist von Geburt an in einer Familie aufgewachsen, stammt aber wie ihr Bruder von einem anderen Vater. Sie hat auch nur wenig gewußt über ihren Vater und hat fast alle sterben lassen, die ihr etwas hätten sagen können. Ihr Bruder hat schließlich herumgestöbert. Als er sich aufraffte, dem Vater zu schreiben, kam der Umschlag mit dem Vermerk ›Empfänger verstorben‹ zurück. Über die Friedhofspflege hat er die Adresse der Halbschwester herausbekommen.

Angst behindert die Suche dieser Freundin. Monatelang liegt die Adresse der Halbschwester auf ihrem Schreibtisch, bis sie endlich wagt, bei der Schwester anzurufen. Als sie zum Telefon greift, will sie auf die Distanz ihre Herkunft nicht preisgeben. »Unsere Eltern waren in Halle befreundet«, sucht sie einen Weg zu finden, unverbindlich von der Schwester eingeladen zu werden. Als sie schließlich vor der steht, ist ihr die Halbschwester wie aus dem Gesicht geschnitten. Mit ihrem Wissen rückt sie deshalb noch lange nicht heraus. Stundenlang tischt sie ihr Geschichten auf, versucht sie zu bewegen, ihr ein Fotoalbum zu zeigen. Als die Schwester sich kurz abwendet, nimmt sie heimlich zwei der Fotos von ihrem Vater mit. Die stehen jetzt auf dem Tisch in ihrem Schlafzimmer. »Ich mußte sie einfach stehlen«, gesteht sie mir. In einem Rahmen sind nun ihr leiblicher und ihr sozialer Vater zusammengesperrt. »Vielleicht sollte ich sie wieder trennen«, überlegt sie. »Mein sozialer Vater hat eigentlich das Recht auf einen eigenen Rahmen. Er hat doch so viel für mich getan.« Auch ihr fällt es schwer, gerecht zu sein.

Der Schwester ist die Ähnlichkeit mit ihr und vor allem die des Bruders mit ihrem Vater nicht verborgen geblieben. »Was wissen Sie eigentlich«, fragt die schließlich. »Nicht viel«, die Freundin hakt sofort nach, um selbst nichts sagen zu müssen: »Und was wissen Sie?« Der Schwester war bekannt, daß es ein Liebesverhältnis zwischen ihrem Vater und der Mutter gab. Daß Kinder geboren wurden, war vor ihr verborgen worden. Geredet wurde darüber im Elternhaus nie. Die Schwester hatte ein schlechtes Verhältnis zu ihrem Vater. Die Spannung zwischen den Eltern hat sich auf sie übertragen.

Zu Hause denke ich nach, welche Parallelen meine Geschichte zu dem Gehörten haben könnte. Die Angst zu suchen spüre ich ebenfalls. Daß es mich gibt, hat die Frau meines Vaters gewußt. Daß sie ab und zu sogar selbst die Alimente überwiesen haben soll, glaube ich dunkel zu erinnern. Von dem Verhältnis zwischen meiner Mutter und dem Vater hatte sie allemal Kenntnis: Sie war ja schon beunruhigt nach Riga gekommen, als meine Mutter in Vaters Wohnung lebte. Als meine Mutter dann bei Vater in Potsdam war, blieb Vaters Frau im Haus, das Vater vorher mit ihr bewohnt hatte. Die Söhne könnten etwas mitbekommen haben. Sie waren damals drei und sechs Jahre alt. Meine Mutter kannte beide. Von der Spannung zwischen meinem Vater und seiner Frau werden sie kaum verschont worden sein.

Noch einmal wende ich mich an meinen Niemand:

»Vater, wie hat Dein Leben diesen Riß überstanden? Konnte Deine Familie noch einmal lebendig werden? Oder war die Trennung von Mutti Dein emotionaler Tod? Und der Deiner Söhne?

Auch wenn Du zehnmal, hundertmal geschwankt und irgendwann durchgedreht bist, Du kannst doch nicht alles weggesteckt haben. Wenn Du versucht hast, Dich umzubringen, warst Du doch kein Gefühlsblock. Solch eine Abspaltung geht doch nicht spurlos an einem vorüber. Oder war Dein Schwanken für Dich so bedrohlich, daß Du nie wieder etwas hast an Dich herankommen lassen?

Wärst Du innerlich frei gewesen, hättest Du nach mir fragen können. Du hättest mir doch schreiben können, daß es Dich gibt, statt Dich als Bild vor mir im eichenen Eckschrank zu verbergen. Hast Du nie gedacht, daß Dein Leben ganz anders hätte verlaufen können? Und damit meins und das von Mutti?

Daß Du mir nicht einmal etwas Persönliches von Dir vererbt hast nach Deinem Tod – Vater, wie vollständig hast Du mich und damit Dich weggetan? Jetzt muß ich Dich Jahre nach Deinem Tod wiederfinden, wo vieles so unwiederbringlich verloren ist. Die Schmerzen sind deshalb nicht geringer. Wenn ich Dich jetzt suche und auch Spuren von Dir finde, bin ich darauf angewiesen, das zu glauben, was mir andere über Dich erzählen.

Vielleicht ist es auch gut so. Ich habe zu viele Wünsche an Dich. Viele davon hättest Du nur damals erfüllen können. Schon die Vorstellung, daß ich vor Dir als realer Person enttäuscht zurückgeprallt wäre, ist kaum zu ertragen. Ich spüre zu viel Liebe zu Dir und wäre Deiner gern sicher gewesen.

Deine Tochter Sibylle.«

Todesfall

Vier Tage warte ich auf die Antwort von den Verwandten, da ruft meine Mutter an, um es mir zu sagen. Ihr Cousin sei gestorben. Mir ist, als ob sie meine Gedanken liest. Ihre Stimme zögert, so als ob sie eine Reaktion erwartet. Ist es mein Mitgefühl, das sie hören will? Oder weiß sie von meinem Brief? Ahnt sie, daß ich gerade diesen Tod besonders fürchte? Es ist wie verhext. Der einzige Verwandte, der mir sicher über meinen Vater hätte Auskunft geben können, ist tot. Fast scheint es, als sei es das Vater-Tabu, das Menschen sterben läßt, sobald ich an ihm rühre.

Rastlos irren meine Gedanken umher, was ich tun könnte, um meinem Vater trotzdem näherzukommen. Der Tod darf mich nicht zurückwerfen. Ich muß schnell weitermachen. Auch die Tante ist über siebzig. Jemand rät mir, einfach in die Wohnung meiner Mutter zu gehen, um nachzusehen, ob das Bild noch da ist. Ich solle so tun, als wäre ich noch einmal acht Jahre alt. »Nein«, wehre ich ab, »das bin ich ja nicht. Wenn ich das Bild haben will, muß ich mich ihr schon stellen. Das kann ich nicht heimlich machen.« Ich wäre dann in Sorge: »Mutti ist so überängstlich, daß jemand bei ihr einbrechen könnte, während sie verreist ist. Sie würde sich mit ihren 76 Jahren nie mehr sicher fühlen«, rechtfertige ich, daß ich den nächsten Schritt meiner Vatersuche nicht schaffe.

Es fällt mir schwer, meine Interessen gegen die meiner Mutter abzuwägen und dabei mein Ziel nicht zu verlieren. Zu jeder Möglichkeit, die Nachforschung zu beginnen, gibt es etwas, das mich bremst und zensiert. Sobald ich handeln müßte, verzage ich. Die Schwäche nagt wie eine Maus mit spitzen Zähnen meine Entschlossenheit ab. »Na, Mausi«, hat meine Mutter früher manchmal gesagt. »Mausi« ist zu dem Teil in mir geworden, der sich für ein bißchen Liebe selbst aufgibt.

Wenigstens zum Postamt will ich gehen, im Telefonbuch nachschlagen, welche Personen es mit Vaters Namen in Hamburg noch gibt. Vielleicht stehe sogar der Name meines Vaters noch drin, werde ich vorgewarnt. Frauen ließen manchmal den Namen ihres Mannes über den Tod hinaus bestehen. Ach was, im Telefonbuch nachsehen ist ungefährlich.

Warum reicht es nicht, zögere ich erneut, endlich zu wissen, wie wichtig dieser Niemand für mich geblieben ist? Zu verstehen, daß er durch sein Fehlen in meinem Leben herumgepfuscht hat? Ich würde mich so gern mit diesem Wissen zufriedengeben. Meine Furcht, emotionale Konflikte mit meiner Mutter durchzustehen, droht übermächtig zu werden. Vielleicht sollte ich nicht nach meinem Vater suchen, sondern nach dem Mörder der Liebe zu meiner Mutter. Mit einem Mörder verfährt man anders, ist weniger zimperlich als mit einem Liebhaber, der einen nie erhörte. »Vater, du Mörder«, wie hört sich das an? Nein, lieber: Du, der sich als Vater getötet, ausgelöscht hat, jedenfalls als mein Vater.

Entschlossen gehe ich zur Post. Die automatischen Glastüren öffnen sich vor mir wie ein Sesam-öffne-Dich. Der Zutritt zu den goldenen Büchern des Wissens ist geschafft. Aber zwischen den Aufhängungen der Telefonverzeichnisse sind Lücken. Natürlich, denke, hoffe ich, wird das Hamburger Telefonbuch nicht dabei sein. Es tut mir nicht den Gefallen. Sogar die Seite ist drin. Acht Personen gleichen Namens stehen mir zur Auswahl. Sorgfältig, meiner Schrift mißtrauend, notiere ich alle, kontrolliere ich nach, ob die Nummern stimmen. Zwei Männernamen habe ich ganz ausgelassen. Mir wird flau. Ob die beiden meine Brüder sind? Wo es doch darum geht, die zu finden. Ich trage die fehlenden Adressen nach. Mit zitternden Knien verlasse ich, schweißüberströmt, die Post. Der gläserne Sesam schließt sich hinter mir. Ich muß mich auf einer Bank sammeln. Es war eben doch nicht ungefährlich, die Namen nachzuschlagen.

Von der Bank aus erblicke ich eine Frau, die einer früheren Freundin meiner Mutter ähnelt. Die könnte etwas gewußt haben, geht mir auf. Vielleicht hat meine Mutter ihr damals etwas erzählt. Oder der ersten Frau meines Onkels, von der er sich nach dem Krieg getrennt hat. Mein Kopf kommt langsam auf Touren. Sorgfältig notiere ich jeden Einfall. Auf mein sonst so zuverlässiges Gedächtnis kann ich mich nicht stützen. Mein Kopf hat mir beim Vaterthema schon zu viele Streiche gespielt.

Der Anruf

Sechs Tage ist es her, seit ich den Brief an die Tante losgeschickt habe. Täglich, ja stündlich habe ich auf ihren Rückruf gewartet. Die Briefe sind ein Schritt. Aber beim Schreiben blieb ich stets allein. Schreiben ist ein öffentlicher Hilferuf. Viele lesen ihn, aber niemand kommt. Schreiben ist ein Sich-nicht-Konfrontieren. Wie soll ich die Leere in mir beleben, wenn ich nicht den Mut aufbringe, nach meinem Niemand zu fragen? Solange ich das Gespräch scheue, wird nie jemand meine Not spüren. Was passiert, wenn ich die Tante anrufe, um nachzufragen? Gibt es noch heute eine Absprache mit meiner Mutter, die nicht verletzt werden darf?

Es muß sein. Beim ersten Anflug, bei dem ich mich kräftig genug fühle, greife ich zum Hörer, wähle. Es ist besetzt. »Wie gut«, denke ich und schelte mich sogleich dafür. Aber den nächsten Kräfteschub muß ich abwarten, ehe ich den Schritt nach vorn noch einmal wage. Diesmal bekomme ich ein Freizeichen. Meine Cousine ist dran, sie ist freundlich. Offenbar weiß sie Bescheid. »Du willst sicher meine Mutter sprechen.« Die Tante sei krank. Wieder schrecke ich zusammen, fürchte mit meinem Wissensdurst schuld daran zu sein. Durch die Muschel höre ich, wie die Cousine der Tante hilft, neben dem Telefon Platz zu nehmen. Die Tante kann vor Heiserkeit kaum sprechen.

»Ja«, beginnt sie, »ich wollte dich heute auch noch anrufen. Ich kann mir ja denken, daß du wartest.« Sie habe sich erst einmal Notizen machen müssen und ihre Gedanken ordnen. Schließlich sei das alles ja über vierzig Jahre her. Heute könne sie mir zwar davon berichten, aber nun sei ihre Bronchitis schlimmer geworden. Die habe sie aus Mallorca mitgebracht, als sie in der zugigen Flughafenhalle auf den Start der Maschine warten mußte. »Wenn es dir besser geht, kann ich ja einfach vorbeikommen«, versuche ich voranzukommen. Endlich kommt das gedehnte »Jaah« der Tante. Das habe sie auch vorschlagen wollen.

»Nur«, schränkt sie ein, »ich weiß nicht sehr viel. Ich bin deinem Vater nur einmal begegnet. Das war beim Antrittsbesuch. Aber da kam man nicht richtig ins Gespräch.« Äußerlich sei er sympathisch gewesen. Einen Kontakt habe sie jedoch nicht bekommen. »Man möchte einen Menschen ja gern von innen kennenlernen. Als Schwester war ich ja damals nicht die Hauptperson.«

»Ich brauche nur Anhaltspunkte, um Mutti genauer zu befragen. Wenn deine Aufzeichnungen Löcher haben, macht das nichts.« »Jaah«, sagt die Tante. Doch eines müsse ich ihr versprechen: »Wenn du mit ihr redest, darfst du sie nicht aufregen, so daß sie sich vollständig in die Zeit zurückversetzt fühlt. So wie das damals alles war, ist es vielleicht ganz gut, wenn sie so ein schlechtes Gedächtnis hat.« Ich beschwichtige sie: »Als ich Weihnachten mit Mutti sprach, war sie ja auch ganz ruhig. Ich habe das als einen unserer wichtigsten Abende in Erinnerung.« Noch vor etwas warnt die Tante: »Eines mußt du verstehen: Sie und Omi ähneln sich innerlich sehr. Beide wollen bestimmen, deshalb hakelten sie leicht aneinander, obwohl sie sich sehr liebten.« Über Omi habe eine von Großvaters Schwestern einst gesagt: »Wehe wenn Fifi einmal von der Bühne des Lebens abtreten muß.« Damit sei nicht der Tod gemeint gewesen.

Eines tut mir gut: Die Tante bestätigt mich in meinem Recht, nach meinem Vater zu fragen. Sie ist die erste aus der Familie, die mich darin unterstützt. »Das ist auch deine Geschichte, nicht nur die von deiner Mutti. Da hast du einen Anspruch darauf, alles zu erfahren.« Daß ich gerade sie frage, freut sie sogar: »Ich möchte Dir für das Vertrauen danken. Ich hab' dich schon immer liebgehabt, nicht nur als Kind.« Als ich den Hörer auf die Gabel lege, bin ich völlig durcheinander. Habe ich denn als Kind so wenig Liebe bekommen, daß mich die Liebe meiner Tante so aus der Fassung bringt?

Besuch bei der Tante

Für Freitag ist der Besuch bei der Tante verabredet. Die anderthalb Stunden Autobahn vergehen fast zu schnell. Dieses Mal verfehle ich die Straße, in der die Tante wohnt, irre umher. Was für eine Anstrengung kostet doch jeder Schritt. Dabei weiß ich sicher, daß sie mich erwartet und mir etwas sagen wird. Will ich es am Ende einfach nicht wissen? Wovor schütze ich mich? Ist es die Angst, meine Mutter durch das, was ich erfahren werde, ganz zu verlieren?

Als ich ankomme, ist die Tante allein. Voller Stolz wird mir die neue Hausfassade vorgeführt. Dann folgen meine Augen ihrer Führung durch den blütenprächtigen Kleingarten. Schon als die Tante noch eine junge Frau war, habe der Gärtner festgestellt, sie pflanze die Blumen etagenweise übereinander. Tatsächlich gibt es, obwohl wir längst Hochsommer haben, kaum einen Quadratzentimeter ohne Blüten. Wahrscheinlich muß man alles, was man macht, so wichtig nehmen, um so bei sich zu sein wie die Tante. Um solche Wärme auszustrahlen.

Die Tante schwört auf Familie. Meine Cousine gehöre als Mutter ins Haus. »Meine Tochter braucht die Mutter«, echot die Cousine, als wir zusammen Kaffee trinken. Lieber verzichte sie auf manches, was sie sich früher habe leisten können. Siebzehn Jahre Berufstätigkeit seien genug. Wieder einsteigen könne sie, wenn die Tochter größer sei. Im Familienidyll finde ich nicht die Kraft, mich zu behaupten. Die heile, liebe Welt erfüllt mich mit Trauer über das, was ich nicht hatte, seine Enge aber ruft Fluchttendenzen hervor. Ich habe nirgends Platz: weder in der Familie noch außerhalb. Ich brauche von beidem etwas.

Die Tante spürt, wie ich innerlich abdrifte. »Aber deshalb bist du ja nicht hergekommen«, verschafft sie mir den Raum, den ich mir nicht nehmen kann. Ich hätte alles so laufen lassen, wäre am Ende ohne Antwort wieder abgezogen. Wir ziehen uns ins Zimmer der Tante zurück. »Hier können wir in Ruhe sprechen.«

Sowohl meine Mutter wie die Tante arbeiteten als Sekretärinnen in den besetzten Gebieten. »Mitte August 1944 trafen wir beide wieder in Ruhleben ein, ich aus Paris, sie aus Riga. In Riga hatte sich deine Mutti mit deinem Vater angefreundet«, beginnt die Tante ihren Bericht.

Im Sommer 1946 mietete meine Mutter sich die Souterrain-Wohnung im Stendelweg 10, schräg gegenüber von Omis Wohnung. Gewohnt hat sie dort nur im Sommer. Im Winter kam sie wegen der Kälte wieder nach Hause. In dieser Wohnung habe mein Vater mich einmal gesehen. Nein, sie wisse nicht, meine Mutter sich diese Räume genommen habe, um mit meinem Vater zusammensein zu können. Ihre Schwester habe darüber nie gesprochen. Nur wenn die etwas ausgefressen hatte, sei sie als die Jüngere ihre Vertraute gewesen.

Bis 1948 haben beide Schwestern mit ihren Eltern in Ruhleben gewohnt, lange mit mir in einem Zimmer, dem Eßzimmer mit Balkon nach Westen zum Stendelweg hin. »Mich hat damals gewundert«, die Tante wird nachdenklich, »daß deine Mutti nachts nie aufwachte, wenn du gebrüllt hast. Ich bin jedesmal wach geworden und bin aufgestanden. Ich glaube, ihr fehlte so etwas wie ein Mutterinstinkt. Aber versteh mich nicht falsch: Auf ihre Art hatte sie dich immer sehr lieb. Sie hätte immer alles für dich getan.«

Vaters Antrittsbesuch bei Omi muß Ende 1944 gewesen sein. Natürlich habe man gespürt, daß er sozial aus derselben Ecke gekommen sei wie die Familie. Äußerlich habe er stattlich gewirkt. Sein Haar sei blond und schon etwas licht gewesen. Omi habe ihn sehr nett empfangen. Nach dem gemeinsamen Kaffeetrinken seien meine Mutter und er zusammen weggegangen. Im

Januar 1945 sei sie dann von meinem Vater gebeten worden, zu ihm nach Potsdam zu ziehen.

Daß mein Vater einen Selbstmordversuch gemacht hat, als die Bombe das Haus seiner Frau und seiner Söhne traf, erfährt die Tante zum erstenmal von mir und erschrickt. Sie weiß nur, daß Vater bei seiner Familie geblieben war, weil er dort bei den Aufräumarbeiten helfen mußte. Da sei er gebraucht worden. Ich frage nach den Gemütsbewegungen meiner Mutter nach der Trennung. »Nein, in einer solche Situation, wie wir sie damals hatten, gab es keine Gemütsbewegungen mehr. Es ging nur noch ums Überleben. Und man hoffte, daß auch der Partner überleben wird.« Der Tante selbst war es ähnlich gegangen, auch ihre große Liebe ging damals entzwei. Nur mit dem Unterschied, daß meine Mutter eben schwanger war.

Nein, Omi habe keinen Aufstand gemacht, als meine Mutter mich erwartete. Als die Tante später selbst schwanger war, habe Omi nur noch mit einem »Du auch?« reagiert. Omi habe damals über mich immer gesagt: »Wenn dieses Kind nach all dem auf die Welt kommt, dann soll es leben.« Als ich schließlich da war, »da konnte man dich ja nur noch liebhaben«, meint die Tante. »Nach deiner Geburt war die Mutti nur noch eine stolze und glückliche Mutter.«

Nachdem die Russen weg waren, gab es auch keine Zeit zum Grübeln. »Außer dem, was wir in drei Tagen ›Russenfreiheit‹ zu essen hatten, war nichts mehr da. Auch kein Wasser und kein Strom. Beide mußten wir zupacken, wo sich eine Möglichkeit ergab. Post und Telefon waren außer Betrieb, Möglichkeiten zu einer Kontaktaufnahme gab es nicht.« Auch nicht zu meinem Vater.

Die Tante hatte jedoch das Gefühl, daß meine Mutter noch auf meinen Vater wartete. Alle hätten damals noch auf jemanden gewartet. Sie auch. Von kaum jemandem kam eine Nachricht. Wie Vater und sie miteinander wieder in Kontakt gekommen waren, weiß die Tante nicht, auch nicht, woher meine Mutter wußte, daß Vater nach Hannover ging, um beruflich neu anzufangen. Aber Fotos von mir hat meine Mutter damals regelmäßig nach Hannover geschickt. Daß sie meinen Vater sogar noch einmal traf, verwundert die Tante. Das müßte dann noch vor dem Streit um die Alimente gewesen sein, überlegt sie. Danach wäre das wohl nicht mehr möglich gewesen.

Die Tante erinnert das so: Als meine Mutter von Vater nichts mehr hörte, obwohl sie verschiedentlich Bilder nach Hannover geschickt hatte, begann ihr Groll zu wachsen. »Noch nicht einmal eine Tafel Schokolade schickt er für Sibylle«, habe sie geklagt. Von Unterhaltsgeld ganz zu schweigen. Das wollte sie auch gar nicht bekommen: »Es ist mein Kind und ich sorge auch für mein Kind«, hätte sie damals gesagt. »Auf das Thema ›Unterhaltsgeld‹ hatten wir deine Mutter schon viel früher angesprochen, aber sie wollte deinen Vater beim Neuaufbau seiner Existenz nicht belasten. Also war bei ihr noch Liebe vorhanden. Als du vielleicht zwischen zweieinhalb und drei Jahre alt warst, wurde unser Bruder energisch zur Mutti. Sie hätte gar nicht das Recht, auf das Unterhaltsgeld für dich zu verzichten. Schließlich käme es deiner späteren Ausbildung zugute.« Ein Anwalt bekräftigte des Onkels Standpunkt. Er veranlaßte, nachdem meine Mutter sich von der Familie überstimmen ließ, daß die Unterhaltsgelder vom Gehalt des Vaters einbehalten wurden. »Damit war natürlich eine neuerliche Kontaktaufnahme unmöglich geworden. Aber sie wäre wohl sowieso nicht mehr zustande gekommen.« Ja, das war der Stoß Briefe und die Überweisungsabschnitte, die ich als Kind fand.

Omi hatte immer gedrängt: »Ihr heiratet und heiratet nicht. Ihr werdet euch noch einmal wundern, was für Männer ihr schließlich haben werdet.« Die Tante zuckt die Achseln: »Es hat sich gezeigt, daß Omi damals recht hatte.« Ihr sei es ja selbst nicht anders gegangen. Wenn man aus einem intellektuell hochstehenden Haus kommt, sei es nicht einfach, sich umzustellen. Die Tante habe sich in ihrer Ehe immer wieder geprüft: »Willst du das eigentlich?« Und dann habe sie gesehen, was trotz der Armut, trotz der fehlenden geistigen Anregungen an Liebe dagewesen sei. Jedesmal habe sie sich von neuem entschlossen zu bleiben.

Aus Regalen und Schränken holt die Tante ihre Fotoalben zusammen. Es sind auch Alben von Omi dabei. Von meinem Vater hat sie kein Bild. Die Tante besitzt jedoch alle Kindheitsfotos von mir, manche sogar doppelt. Mich trifft das wie ein Schlag. Warum habe ich kein einziges von mir? Durfte ich nur meine Mutter mögen, nicht aber mich selbst? Die Tante hat alle Alben doppelt angelegt: eins für sich, eins für ihre Tochter. So sei es in der Familie üblich gewesen. »Aber, wir leben ja immer noch zusammen.« Ich darf mir die heraussuchen, die ich haben will. Bei fast jedem Bild, das mich interessiert, bestärkt mich die Tante: »Da hast du einen Anspruch drauf.«

Ein Bild, das ich nie mochte: Meine Mutter hält mich als Baby im Strampelanzug im Arm. Sie in ihrer dunklen Kostümjacke, darunter ein weißes Hemd mit Schlips, das Reiterabzeichen am Revers, faßt zu wie ein Schraubstock. Nur den Kopf kann ich noch zur Seite drehen, mit den Augen fliehen. Richtig entspannt lachen sehe ich mich auf keinem der Fotos. Bestenfalls ein Fotografier-Lächeln ist mir entlockt worden: im grauen Strickkleid bei der alten Ruhlebener Fotografin auf der Sofaecke, die Babypuppe in der Hand, mit der ich schon längst nicht mehr spielte. Auf einem Bild tragen meine Mutter und ich wie im Twinlook Pelzmäntel aus demselben Fell. Ich habe das Gefühl, in ihrem unsichtbar zu werden.

Die Bilder von mir und meinem Stiefvater überraschen mich. Bei der Kletterpartie am VW-Bus hoch, um größer zu sein als er, zeigt mich das Foto gelöst. Auf dem Liegestuhl sitze ich locker auf seinem Schoß. Auch auf dem Bootssteg gab es noch keinen Zwang, ihm Tochterliebe zu beweisen. Sogar aus dem Auto, in dem mir immer schlecht wurde, gucke ich mit Baskenmütze – die Punktsybille neben mir ist einen Kopf kleiner – munter aus dem Schiebedach hervor. Solange wir bei Omi wohnten, habe ich Vati offenbar als Bereicherung erlebt. »Ja«, sagt Tante Eva. »Du kamst damals immer ganz freudig zu uns und hast erzählt: ›Jetzt habe ich auch einen Vati.‹ Auf alles, was er geschickt und billig organisierte, warst du stolz.« Oder strahle ich auf diesen Bildern so, weil meine Mutter uns knipst? Spüre ich zusammen mit ihm eine andere Form der Zuwendung?

Die Tante beschreibt, wie meine Mutter ihre Heirat von langer Hand vorbereitet hat. »Ihre Pläne gingen dahin, bis zu deinem

Schulbeginn zu heiraten, um eine eventuelle Namensänderung während deiner Schulzeit zu vermeiden. Aber einen Mann in der Nachkriegszeit kennenzulernen war schwer. Es gab nur Kriegsdrückeberger, die man nicht wollte, oder kranke entlassene Kriegsgefangene«, so ihr Gefühl unmittelbar nach dem Krieg. »So vergingen die Jahre.«

Als mein späterer Stiefvater im Lesezirkel angestellt wurde, entspann sich zwischen den beiden nach kurzer Zeit ein gutes Verhältnis. Die Tante fährt fort: »Sie konnte an die Verwirklichung ihres Plans denken, dir ein richtiges Zuhause in einer normalen Familie zu schaffen. Sie war gedanklich also bei einem Neuaufbau. Der Vati und deine Mutti wollten noch mehr Kinder haben. Leider fiel das aber durch Fehlgeburten aus.« Merkwürdig, denke ich, all die Jahre habe ich die beiden nur ein einziges Mal miteinander schmusen sehen. Als ich dazukam, stand meine Mutter sofort auf. Sie hatte einen knallroten Kopf.

»Aber warum hat sich Mutti nur in der Ehe so verändert?« Die Tante überlegt. Sie habe selbst einen lebenslangen Lernprozeß an ihrer Schwester hinter sich. Ihr Fazit: »Deine Mutti paßt sich immer an. Schon als junges Mädchen habe ich mir angewöhnen müssen, darauf zu achten, mit wem sie gerade zusammen ist. Sie hat keinen inneren Halt, hat sich nach ihrem jeweiligen Partner ausgerichtet.« Erst im Alter habe sie durch das lange Alleinleben an Sicherheit gewonnen. »Aber beruflich ist deine Mutter immer tüchtiger gewesen.« Die Tante lacht verschmitzt: »Na, das weißt du ja.«

Kindererziehung, wirbt die Tante um mein Verständnis, sei nicht leicht. Fast jede Mutter mache dabei Fehler, die nur schwer wieder auszubügeln seien. Ich müsse meiner Mutter verzeihen. »Aufklären konnte sie dich noch nicht, das hättest du in dem Alter noch nicht verstehen können. Sie hatte es sich für später vorgenommen.« Ich fühle mich durch ihre Mahnung in die Enge getrieben. Das kann ich nicht, schießt es mir trotzig durch den Kopf. Zum Verzeihen ist es noch viel zu früh, das habe ich ja schon vergeblich versucht. Und wieder alles vergessen – das geht auch nicht mehr.

Statt zu antworten, wende ich mich den Bildern zu. Am liebsten mag ich mich auf den Fotos, wenn ich allein bin. Barfuß mit wehendem Schopf, im Spielanzug, Omis weiche, braune Ledertasche mit dem Henkel über dem Arm, gehe ich stolz die Straße entlang, damit der Tasche nur nichts passiert. Zum Sommerfest habe ich den Puppenwagen für meinen Käte-Kruse-Peter mit Blumen geschmückt. Und beim Kasperle-Theater hocke ich in der Mitte, mit Spitzhut. Den tragen sonst nur Jungen. Punktsybille trägt wie alle Mädchen einen Blumenkranz im Haar. Als Kleinkind, als ich meine ersten Schritte wagte oder im Gitterstühlchen mit einem Schuh hantierte, wirkte ich selbstbewußter als auf späteren Aufnahmen. Während meiner Entwicklung muß ich etwas verloren haben.

Von null bis zwölf reichen die Bilder. Auf jedem habe ich eine Dauerwelle, die Qual meiner Kindheit. Dazu noch eine Schleife im Haar, einmal sogar eine um den Hals. Über die Dauerwelle empört sich die Tante noch heute: »Wie kann man denn so etwas machen. Man muß doch sein Kind so akzeptieren, wie es ist.« Daß ich den Aufsatz über Omis Tod neu schreiben mußte, bringt die Tante aus der Fassung. »Deine Mutti muß der Omi geneidet haben, wie sehr du sie mochtest. Anders ist das nicht zu verstehen.« Kein Wunder, Omi war immer für mich da. Bei ihr konnte ich sofort alles loswerden. Bei meiner Mutter mußte ich warten, bis sie Zeit hatte. Die Tante: »Ich habe ihr damals schon gesagt, daß man ein Kind mit seinen Sorgen nicht warten lassen kann. Später sagt es nichts mehr.«

Unmittelbar nach dem Besuch bei der Tante ruft meine Mutter aus Schweden an. Sie habe eine Lungenentzündung und müsse vom ADAC nach Hause gebracht werden. Es ist zum Verzweifeln. Immer passiert etwas, sobald ich einen Schritt geschafft habe. Ich organisiere, daß sie von Freundinnen Hilfe bekommt. Im Augenblick kann ich meine Mutter nicht pflegen. Ich kann mich nicht verstellen. Ich müßte mit ihr reden, doch dazu muß sie erst einmal gesund werden. Aber meine Schuldgefühle sind da. Zwischen den eigenen Wünschen und meiner Sorge um sie bin ich eingezwängt: Das, was ich brauche, kann ich von ihr nicht mehr bekommen. Das, was sie braucht, kann ich ihr noch nicht wieder geben. Dieses Trauerspiel zwischen uns ist alt.

Fluchttendenzen

Als ich mit zwölf, dreizehn zum letzten Mal nach meinem Vater fragte, wurde meine Mutter herzkrank. »Du wirst einmal schuld daran sein, wenn ich sterbe«, warf sie mir vor. Ich verstand nicht, worin meine Schuld bestand. Aber der Druck war da, erpresserisch. Vor ihm wich ich aus, kroch in mich hinein. Je weiter weg ich von meiner Mutter mußte, desto weniger Liebe erreichte mich. Mit fünfzehn hatte ich so wenig Raum, daß ich nur mit gesenktem Kopf zur Schule ging.

Eine Ehe zu führen ist nicht leicht, pflegte meine Mutter zu sagen. Harmonie galt ihr als oberstes Gebot. Dissonanzen wurden unter den Teppich gekehrt. Dabei gab es mehr als genug Mißklänge, die sie nicht beachtete. Mein Stiefvater filmte mit seiner Super acht jeden prall gefüllten Tisch, egal ob es Schinkenplatten mit Spargel waren, ein Karpfen oder eine Gans. Ich half meiner Mutter beim Auftragen. Einmal hatte ich auf dem Tablett einen ganzen Schinken, zwängte mich seitlich durch die Terrassentür. Mein Stiefvater erwartete mich draußen mit der Kamera. Lange verharrte sein Objektiv auf dem Schinken. Dann schwenkte er herunter auf meinen Oberschenkel. Mit dem Tablett in der Hand konnte ich nicht ausweichen. Den Film zeigte er allen Kollegen. Dabei lief ihm demonstrativ jedesmal das Wasser im Mund zusammen: »Hmh, was für ein saftiger Schinken. Richtig zum Reinbeißen.« Und dann: »Hmh, noch ein schöner Schinken.« Da kam mein Bein ins Bild. Die Kollegen klopften sich auf die Schenkel. Ich erstarrte jedesmal, wenn der Film eingelegt wurde.

Als ich anfing, mich für Jungen zu interessieren, beschimpfte der Stiefvater mich als Nymphomanin. Ich habe das Wort nicht verstanden, aber es hörte sich schrecklich an. Ich begann auf Erlösung zu hoffen, versuchte mir vorzustellen, auf wen ich wartete. In mir tauchten meine Brüder auf. Was geschähe, wenn ich mich in einen von ihnen verlieben, ihn gar heiraten würde. Ich würde es nicht einmal merken, ich kannte meine Brüder ja nicht. Das Unglück schien vorprogrammiert: Meine Mutter würde unsere Liebe zerstören.

Je länger ihre Ehe dauerte, desto schlechter wurde mein Verhältnis zum Stiefvater. Im Zehlendorfer Reihenhaus wurde gedroht: »Wenn du nicht gehorchst, stecken wir dich in ein Internat.« Für mich hörte sich das an wie Heim. Ich sah die Ruhlebener Heimkinder vor mir, wie sie in meiner Grundschulzeit in ihren braunen oder schwarzen Trainingsanzügen hinter dem Kasernentor verschwanden. In der Kaserne, in der unsere Grundschule war, war auch das Heim untergebracht. Ich platzte fast vor inneren Spannungen. Einer Schulfreundin vertraute ich mit siebzehn an, daß ich entweder einmal in der Psychiatrie landen würde oder im Gefängnis. Im Prager Gefängnis trug ich mit 23 Jahren den braunen Trainingsanzug der Heimkinder.

Mit siebzehn stand ich vor dem roten Garderobenvorhang und kämpfte mit mir, ob ich zu einer Freundin abhauen sollte. Aber sie hätten mich zurückgeholt, vielleicht nur, um mich woandershin abzuschieben. Mit größter Mühe riß ich mich zusammen und blieb. Ich wartete meine Volljährigkeit ab. Bis zum 21. Jahr habe ich es nicht ausgehalten. Mit neunzehn, als ich das Abitur hatte, verschwand ich heimlich. Anders schaffte ich es nicht. Während beide in ihrem Ferienhaus waren, mietete ich mir ein Zimmer in einer Zehlendorfer Villa und teilte ihnen mit, daß ich ausgezogen sei. Mein Stiefvater wollte explodieren: »Solange du von uns Geld brauchst, wohnst du auch bei uns.« Diesmal schützte mich meine Mutter. Ich bekam das Geld fürs Studium. Sie wünschte, daß ich an die Uni gehe. Wäre es nach meinem Stiefvater gegangen, hätte ich in einem Reisebüro gelernt. »Das reicht für ein Mädchen«, hatte er gesagt. »Die heiratet ja doch.«

Die Ehe meiner Mutter wankte. Mein Rat an sie war patzig und ohne Mitgefühl für den Betrug, den er an ihr beging: »Ich verstehe sowieso nicht, warum du dich nicht schon längst hast scheiden lassen.« Als die Trennung klar war, sperrte mein Stiefvater mir den Studienscheck per Postkarte. Ich unterminiere das System, von dem er sich ernähre, schrieb er. Sein nächster Nadelstich traf vor allem meine Mutter. Er verlangte, ich solle für die Einzimmer-Hinterhauswohnung im Mietshaus, das ihnen beiden gehörte, die Miete weiterzahlen. Da saß ich schon im

Knast in Prag ohne weiteren Wohnbedarf. Meine Mutter zahlte. Sie wollte, daß ich weiß, wohin ich gehöre, wenn ich aus dem Gefängnis komme.

Im Archiv

Der Trennungskummer treibt mich an. Ich suche den Namen meines Vaters in sozialdemokratischen Karteien der Friedrich Ebert-Stiftung. Der Autorenkatalog enthält einen SPD-Partei-schreiber unter demselben Namen. Sollte ich einen politischen Bruder haben, einen Parteihistoriker? Ich wende mich hilfesuchend an die Archivarin. Sie fragt nach dem Zusammenhang, in dem der Name für mich relevant wurde. Erschreckt bringe ich kein Wort mehr heraus, ich kann ihr doch nicht sagen, daß ich auf Vatersuche bin. Ausdenken kann ich mir so schnell nichts, ich konnte noch nie notlügen. Die Archivarin zuckt die Schultern, hält mir, ein Spiegel meiner Wortlosigkeit, ein Verzeichnis sämtlicher Staatssekretäre hin, auch der ehemaligen. Unter ihnen findet sich mein Vater nicht. »Dann kann er kein Staatssekretär gewesen sein«, werde ich kleinlaut und protestiere innerlich trotzig: »Aber Mutti hat mir doch gesagt, daß er befördert wurde.« Ich solle mir erst einmal seine Lebensdaten heraussuchen, werde ich gerügt. Die Archivarin ist unzufrieden mit meinem Recherchenstand. »Möglich, daß er im ›Who is who‹ steht«, verweist sie mich auf den Lesesaal. Oder ich solle die Protokolle der Parteitage der Hamburger Sozialdemokraten durchsehen. Vielleicht habe er dort einmal das Wort ergriffen. Die könne ich in der Bibliothek des Bundestags bekommen. Ich fühle mich abgeschoben.

Ratlos stehe ich vor den Regalen im Lesesaal, nehme lustlos ein Namensverzeichnis nach dem anderen heraus. In den Nachschlagewerken von Politikern: nichts. Im deutschen ›Who is who‹ stehen zwei Personen gleichen Namens. Auch jener Parteischreiber. Aber dessen Vater war Fleischer, meiner nicht. Und der andere? Der, teilt mir die dürftige ›Who is who‹-Sprache mit, ist Naturwissenschaftler. Als ich weiterlese, stockt mir der Atem: geboren in Potsdam. Vater: leitender Beamter in Hamburg.

Da ist ja mein Bruder. Welch unglaublicher Fund. Im ›Who is who‹ steht sogar seine Adresse. Eigentlich könnte ich ihn mir sogar ansehen, ehe ich Kontakt zu ihm aufnehme, ich müßte mich ja nur in eine seiner Vorlesungen setzen. Fast werde ich übermütig. Ich erfahre noch, daß auch seine Frau einen Doktor gemacht hat. Wie von selbst beginne ich meinen Bruder anzusprechen: »Wenigstens hast du eine gut ausgebildete Frau. Hoffentlich läßt du sie auch arbeiten? Oder erzieht sie eure Kinder? Über die sagt mir der ›Who is who‹, daß es zwei seien: Brüderchen, was bist du eitel, daß du eines nach dir nennst! Und evangelisch-lutherisch bist du. Bist du vielleicht zuständig für die Fixpunkttheorie? Immerhin kannst du viele Sprachen: Englisch, Französisch, Latein und Russisch. Jede Universitätsbibliothek wird mir mehr über dich bieten.«

Bedürftige Ungeduld

Wie ein Kind möchte ich meiner Liebe berichten, was ich herausfinde. Daß mir das Durchbrechen ihrer Denkpause keine Zuwendung bringen kann, begreift nur mein Kopf, aber er vermag mein Handeln nicht zu steuern. Meine Vaterverlustangst übertönt die warnende Gefühlsstimme, die sagt, daß ich gerade dabei bin, mir eine neue Niederlage einzuhandeln und damit mein altes Drama. Die Sehnsucht ist zu stark, um auf diese Stimme zu hören. Ich schreibe meiner Liebe ein weiteres Mal, schreibe gegen meine Angst vor der Niederlage an:

> »Was wiederholen wir eigentlich? Ich hatte Dir gesagt, daß ich entsetzliche Angst vor vergeblichem Warten habe, so als hätte ich das schon mit der Muttermilch eingesogen. Müssen wir die Fehler unserer Mütter so lange wiederholen, bis wir sie lösen können? Was wäre das für ein makabres psychisches Erbe.

Mein Tatendurst ist Teil meiner väterlichen Altlast: Ich bin abhängig von Bestätigung und Lob. Solange ich handele, brauche ich meine Gefühle nicht anzusehen, sie haben sich ja noch nicht einstellen können. Sobald sich ein Unglück nähert, muß ich ihm zuvorkommen. Der Mechanismus läuft präzise wie ein Uhrwerk. Er zeigt mir stets dieselbe Zeit: meine eigene Vorzeit. Es geht mir zu langsam, alles müßte schneller sein. Vor allem, wenn es um psychische Arbeit geht. Dabei weiß ich eigentlich, daß man alles, was man psychisch zu schnell erledigt, noch einmal machen muß. Ja, zu meinem Vaterkummer gehört auch, daß mein Verhältnis zur Zeit nicht stimmt. Zwar kann ich schon viel mit mir anfangen, doch die Anfälle von Ungeduld plagen mich. Wenn ich warte, leide ich, und dann wartet auf mich die Ewigkeit.

Meine Bedürftigkeit könntest Du ohne mein Dazutun nicht stillen. Solange ich nur Hunger schreie, mir aber selbst nichts zu essen mache, wirst Du mir kaum helfen, indem Du mich fütterst. Wenn wir doch miteinander nachholen könnten, was wir einst nicht bekommen haben! Jetzt brauchen wir Mut zur Angst.«

Der letzte Satz meines Briefes hakt in mir fest. Daß meine Freundin Mut braucht, um sich zu trennen, ist klar. Aber ich beziehe mich ja ein. In meiner Angst, sie zu verlieren, brauche ich Mut zum Bleiben. Den Mut, selbst zu gehen, bringe ich nicht auf. Die Angst vor dem brodelnden Vulkan namens Nichts ist unverändert übermächtig. Ich stecke mitten in der Sackgasse.

Brief an den Bruder

Seit Tagen kreist in mir der Gedanke, mich an meinen Halbbruder zu wenden. Mal halte ich den Schritt für vermessen, mal glaube ich, ihn zu schaffen. Mein inneres Pendel schlägt den Takt zwischen Euphorie und Resignation. Die Idee, meinen Bruder

erst einmal von ferne zu beobachten, verwerfe ich als Phantasie
der Zwölfjährigen, die sich im väterlichen Haushalt verdingen
wollte. Etwas erwachsener müßte ich doch geworden sein. Doch
die Ungewißheit zerrt an mir. Was tue ich, wenn ich als Schwester abgelehnt werde? Mir bestritten wird, daß ich es überhaupt
bin? Erst kürzlich ist mir in einer WDR-Sendung ein junger
Mann begegnet, dem das widerfuhr. Als er seinen Vater nach
Jahren der Suche endlich in Jugoslawien fand, wollte der ihn
nicht als Sohn anerkennen. Kann sein, kann auch nicht sein, er
habe so viele Frauen gehabt, war die Reaktion dieses Vaters.

Überhaupt: Wie schreibt man einem Bruder? Ich hatte doch
nie einen. Ich probe es durch, frage herum. Wie würde es auf
Freunde und Freundinnen wirken, wenn ich zu ihnen als Journalistin käme, die über die Väter von Wissenschaftlern recher-
chiert, um später aufzudecken, daß ich eigentlich die Schwester
bin? Für den Mann einer Freundin bedeutete der offene Kontakt
einen Schock, »ganz sicher«, beteuert er. Ich solle von Anfang an
klarstellen, daß ich Informationen, aber kein Erbe wolle. Die
Freundin rät mir, unverstellt vorzugehen. Eine andere sagt dasselbe. Auch bei ihr sei vor zwei Jahren ein Halbbruder aufge-
kreuzt, der alles über ihren Vater habe erfahren wollen. Mein
Problem ist verbreiteter als ich annehme. Aber kann ich deshalb
selbstverständlich damit umgehen? Die Begegnung ist doch für
mich und meine Brüder einzig.

Schließlich schreibe ich den entscheidenden Brief und beginne
vorsichtig:

»Ich weiß nicht, ob mein Name Ihnen etwas sagt. Auf Ihren Namen und Ihre Adresse bin ich im deutschen ›Who is
who‹ gestoßen, nachdem ich mich mit nunmehr über vierzig Jahren endlich auf die Suche begab, um mehr über einen
ehemaligen Freund meiner Mutter aus deren gemeinsamer
Zeit in Riga zu erfahren. Ihrer Biographie entnehme ich,
daß dieser Freund Ihr Vater gewesen sein muß. Ihr Vater
und meine Mutter waren bis 1944 zusammen in Lettland.
Bis zum März 1945 standen beide in Berlin bzw. in Potsdam
miteinander in Kontakt. Vielleicht können Sie sich an diese

Zeit erinnern. Ihr Haus, in dem Sie, Ihr Bruder und Ihre Mutter lebten, muß damals, etwa im März 1945, von einer Bombe getroffen worden sein.

Obwohl sich diese Vorfälle vor meiner Geburt abspielten, haben sie nicht nur in Ihr Leben, sondern auch in das meine eingegriffen. Denn aus dem Erschrecken über die Bombardierung Ihrer Familie ging Ihr Vater zu Ihnen, Ihrem Bruder und Ihrer Mutter zurück. Das heißt, er verließ meine Mutter, die bereits ein Kind von ihm, also mich, erwartete. Meine Mutter hatte bis zu diesem Zeitpunkt mit Ihrem Vater im Hause Ihrer Großmutter gelebt. Was für Sie und Ihren Bruder vielleicht ein Glücksfall war, beschäftigt mich seit Jahren. Irgendwann habe ich feststellen müssen, daß mir kein Ausweg bleibt, als mich auf die Suche nach der Geschichte meines Vaters zu begeben. Sie werden verstehen, daß es mich bis heute immer wieder betroffen macht, daß er nie versucht hat, mich kennenzulernen. Das ist kaum zu verstehen, vor allem aber schmerzhaft. Denn es ist ja nicht so, daß Ihr Vater je seine Vaterschaft bestritten hätte. Ich weiß bereits seit einiger Zeit, daß Ihr Vater gestorben ist. Aus meiner Sicht ist das vielleicht auch gut so. Meine Wünsche an ihn, den Unbekannten, hätte er niemals mehr erfüllen können. In all diesen Jahren gab es jedoch nicht nur den Wunsch nach dem Vater, sondern auch den nach meinen Brüdern. Nun hoffe ich, in Ihnen den Ansprechpartner zu finden, der mir bei der Aufarbeitung meiner/seiner Vorgeschichte behilflich sein könnte, die für mich fast vollständig im dunklen liegt. In meiner Kindheit habe ich es zutiefst bedauert, Sie nicht als Brüder bei mir zu haben. Vielleicht gelingt es mir/uns heute, da wir uns alle in einem reiferen Alter befinden und anders als Kinder auch die Kontakte aufbauen könnten, die man uns einst verwehrte. Ich fürchte, dieser Brief ist ein Schock für Sie. Wenn ich nur könnte, würde ich ihn gern abmildern.«

Kaum hat mein Computer den Brief ausgespuckt, packt mich einer meiner nie enden wollenden Hustenanfälle. Fast möchte ich mich übergeben. Was wird mit diesem Brief geschehen? Wird er beantwortet, stößt er auf Freundlichkeit oder angstvolle Ablehnung? Schnell, der Brief muß in den Kasten, ehe ich es mir anders überlege. In meinem Kopf steigt der eiserne Griff einer Migräne hoch. Vergangene Nacht habe ich in Alpträumen verbracht, eine wilde Mischung aus dem Abschiedstreffen mit meinen Ex-Kollegen, den beruflichen Möglichkeiten, die ich derzeit verstreichen lasse, um mein Vaterproblem zu klären, und aus meiner Angst um die Freundin, die ich wohl verlieren werde. Nun, da ich zu allem auch noch um die Antwort meines Bruders bange, befinde ich mich im Patt: Umzingelt von allen Seiten, habe ich selbst da, wo ich bin, keinen Raum mehr.

Wie blind gehe ich die kurze Straße entlang, an den neu gepflanzten Kastanien vorbei zum Briefkasten. Ich taumele über den flach angeschrägten Bordstein, entgehe mit Mühe den paar Autos auf der Rheinallee, die zur Fähre hinunter wollen und deshalb meinen Weg kreuzen. Dann endlich ist der Brief fort. Aber ein Gefühl von Erleichterung will sich nicht einstellen. Ich muß mich verkriechen, zurück ins Bett als sicherstem Ort, weinen, alles weg- und abfließen lassen. Dabei fürchte ich mich vor der Trauer, zu viel davon steckt in mir. Die Zeit reicht sowieso nicht. In einer Dreiviertelstunde kommt Besuch. In mir stecken unzählbar viele ungeweinte Tränen.

Den Schmerz, wird mir deutlich, will ich nicht hergeben. Er ist das einzige, was mir vom Niemand geblieben ist. Der Wunsch, ihn loszulassen, und der, ihn festzuhalten, ringen in mir: Behalte ich ihn, komme ich nicht weiter. Schließlich verordne ich mir, die Tränen fließen zu lassen, jammere unter der Bettdecke ein paar tiefsitzende Schluchzer heraus. Wieder rufe ich »Vater« dabei, spüre aber plötzlich nicht mehr ihn, sondern meine Liebe. Nach fünf Minuten fühle ich mich besser, traue mir plötzlich zu, gelassener auf sie warten zu können. Ich weiß: für meinen Abschied vom Vater, vom Niemand und auch von meiner Liebe ist das noch längst nicht genug. Als meine Unruhe zurückkommt, bezieht sie sich auf den Wunsch, von meinem Bruder akzeptiert zu werden. Vor dieser Ungeduld, nur noch ein Segment meiner unendlichen Warteschleife, fliehe ich für ein paar Tage aufs Land.

Der Glücksbrief

Nach einer Woche Landluft und Gartenarbeit kehre ich in die Stadt zurück. Die Post stapelt sich vor der Tür. Ein Brief springt mir sofort ins Auge. Mein Halbbruder hat geschrieben, mir, seiner Schwester. Mit fliegend hastigen Fingern reiße ich den Umschlag auf. »Liebe Frau Plogstedt«, steht da, »sicher ist es Ihnen nicht leicht gefallen, mir zu schreiben, ich will Ihnen deshalb auch postwendend antworten und einfach der Reihe nach auf Ihren Brief eingehen.«

Nun wartet der Brief schon Tage auf mich, nur ich war nicht da, fühlt sich mein Schuldgefühl angesprochen. Eilig lese ich weiter, wie eine, die eine schlechte Nachricht erwartet und sie so schnell wie möglich hinter sich bringen will. Doch mich erwartet eine ausführliche Schilderung.

»An das Frühjahr des Jahres 1945 erinnere ich mich noch sehr gut – sowie auch bruchstückhaft an die Zeit, in der wir in Riga gelebt haben. Das Haus, in dem wir damals in Potsdam lebten, steht immer noch; ich habe es vor zwanzig Jahren zum letztenmal gesehen, als ich mit dem Zug daran vorbeifuhr. Auch an die Brandbombe erinnere ich mich noch gut; sie war einer der harmloseren Treffer, die unser Haus im Krieg abbekommen hat – viel mehr hat uns damals beschäftigt, daß wir gerade unser Segelboot frisch lackiert hatten – ich erinnere mich so genau daran, weil ich dem Vater dabei mithelfen durfte, obwohl ich es von heute aus nicht mehr verstehe, wie man im Frühjahr 1945 einer solchen Beschäftigung nachgehen konnte – und es durch eine Bombe so vollständig zerstört wurde, daß wir unser Haus mit den Trümmern repariert haben.«

Daß diese Bombe der Auslöser der Trennung meiner Mutter von meinem Vater wurde, interpretiert er so: »Ich kann es mir nach Ihrem Brief nur so erklären, daß unser Vater diesen vergleichsweise harmlosen Bombentreffer Ihrer Mutter (und vielleicht auch sich selbst gegenüber) als auslösendes Moment hingestellt hat, zu seiner Familie zurückzukehren. Kurz danach wurde unser Gründstück, weil es am Bahndamm lag, Kampfgebiet, und wir zogen alle in das Haus unserer Großmutter väterlicherseits.« Also dorthin, wo bis kurz zuvor meine Mutter mit meinem Vater gelebt hatte.

Niemand habe je etwas von einer Schwester angedeutet. »Trotzdem ist Ihr Brief nicht der befürchtete Schock für mich, da ich schon einmal auf der Lohnsteuerkarte gesehen hatte, daß dort die Kinderzahl ›drei‹ eingetragen war. Andererseits wollte ich damals nicht in Familiengeheimnisse eindringen.« Das Schweigen gab es auch in der Familie meines Bruders. Tabus werden immer gespürt und auch das Gebot, nicht daran zu rühren.

Die Fotos, um die ich gebeten hatte, seien nicht so leicht zu beschaffen. Aus der Kinderzeit gebe es keine mehr – weder bei ihm noch bei seiner Mutter. Nach Vaters Tod habe seine Mutter ihn ebenfalls um Aufnahmen gebeten. Wie damals werde er gern noch einmal in den Dias suchen, die er seit seiner Heirat gesammelt habe, und mir davon Abzüge machen. Das brauche etwas Zeit, ich müsse mich gedulden. »Ich mache es bestimmt«, verspricht er. Zugleich warnt er mich vor: »In den zwanzig Jahren nach Kriegsende hat sich mein Vater aber sehr verändert. Wenn Sie die Bilder sehen, werden Sie kaum glauben, daß er nach dem Krieg ganz schlank gewesen ist.«

Er bittet mich darum, seine Mutter mit diesem Teil ihrer Geschichte nicht mehr zu belasten, er selbst habe auch erst durch meinen Brief begriffen, was sie damals durchgemacht habe. Sie lebe in einer sehr verklärten Erinnerung an ihren Mann. »Meine Mutter ist jetzt übrigens 82 Jahre alt und leidet an einer rasch fortschreitenden Parkinsonschen Krankheit, Sie könnten von ihr kaum etwas erfahren, da sie mit ihren Fingern fast nicht mehr schreiben kann.« Dafür nennt er mir die Adresse des jüngeren Bruders in Süddeutschland. Aus meiner Suchliste streiche ich alle Hamburger Telefonnummern. Wie ein Stein fällt es mir vom Herzen: Ich muß nicht ins Blaue telefonieren und wildfremden Menschen meine Geschichte erzählen.

»Nun wollten Sie vor allem etwas über den Lebensweg unseres Vaters wissen«, fährt mein Bruder in seinem Brief fort. Daß er mich einbezieht in das »unser Vater«, stimmt mich froh. Das ist nicht das kirchliche »Vaterunser«, bei dem ich stets den Mangel des Besitzes spürte, hier bekomme ich ein Geschenk. Mein

Gefühl zum Bruder wird immer zutraulicher, geschwisterlicher. Wie ein ausgedörrter Schwamm sauge ich alles auf, was er mit mir teilt: »Ich fange mal bei Kriegsende an. Wir sind damals noch für kurze Zeit in unser Haus auf dem Wall am Kiez zurückgezogen, wobei wir ständig befürchteten, daß unser Vater von den Russen abgeholt würde. Ich erinnere mich noch, daß eines Tages ein russischer Jeep vor unserem Haus hielt und mein Vater sagte, ›Ich gehe schon selbst runter‹, aber die Soldaten wollten nur Kühlwasser. Mein Vater hat gleich am nächsten Tag (ich glaube mit einem falschen Paß – ich habe ihn später manchmal danach zu fragen versucht, aber nie etwas Genaueres erfahren, obwohl das für einen Buben natürlich ein aufregendes Abenteuer war) die Ostzone verlassen – ein paar Tage später waren die Russen wirklich da, um ihn (wegen seiner Tätigkeit in Riga) abzuholen. Es gab dann nur einen Artikel in der ›Märkischen Volksstimme‹ über die alten Nazis, die im Westen Unterschlupf fänden, aber wir als Rest der Familie sind niemals behelligt worden.« Als ehemalige Achtundsechzigerin beruhigt er mich zugleich: »Unser Vater« war kein Nazi.

»Unser Vater« sei dann für etwa ein Jahr nach Hamburg gegangen, war danach in Hannover, »weil dort die Entnazifizierung leichter war. Auch dort gab es noch ein langwieriges Verfahren, bei dem sogar Zeugen aus Lettland aufgetrieben wurden.« Hat meine Mutter vielleicht in seinem Verfahren ausgesagt, frage ich mich. War das der Anlaß ihres Treffens in Hannover? Sie ist auch in anderen Verfahren als Zeugin aufgetreten, das habe ich als Kind dem Dankesschreiben eines ehemaligen Generals entnommen.

Nach der Entnazifizierung konnte der Vater »wohl wieder endgültig in den Staatsdienst in Niedersachsen zurückkehren, und wir verließen 1948 ziemlich abenteuerlich Potsdam. Als mein Bruder und ich in Hannover ankamen, erkannte mein Bruder unseren Vater nicht mehr.« Der Umzug sei von langer Hand vorbereitet worden: »Ich erinnere mich, daß wir schon seit 1947 regelmäßig wichtige Dinge von Westberlin aus nach Hannover geschickt haben. Für das erste Jahr fanden wir nur in Cuxhaven eine Wohnung. Mein Vater war für die Fischereiwirtschaft zuständig; damals, als es nichts zu essen gab, war das eine wichtige Sache.« Ich lache über eine Parallele, die ich kürzlich unwissentlich schuf. Da sprach mich der Leiter einer Bonner Landesvertretung auf eine Arbeitsstelle an. Wofür ich mich denn besonders interessiere, wollte er wissen. »Für alles«, antwortete ich ihm, »nur nicht für das Fischereiwesen.«

Cuxhaven war nicht die Endstation für die Familie meiner Brüder. »1950 war dann unsere Wohnung in Hannover fertig, und wir begannen wieder, normal zu leben. Mein Vater war damals immer noch Oberregierungsrat – wie schon die ganze Zeit im Preußischen Finanzministerium. Und in Hannover wurden damals nur die ›Landeskinder‹, zu denen wir zugewanderten Preußen nicht zählten, befördert. Andererseits sahen die Hamburger mit Mißfallen, daß Cuxhaven als Fischereihafen wuchs, und sie warben kurzerhand den erfolgreichen Spezialisten ab (und konnten – das war 1953 wichtig – auch eine halbwegs anständige Wohnung bieten). So zogen wir 1953 alle nach Hamburg, wo mein Vater beim Senat arbeitete.« Eine Zeitlang war Vater im Vorstand einer Werft, für diese Zeit ließ er sich aus dem Staatsdienst beurlauben. Nach dem Zusammenbruch dieser Werft kehrte »unser Vater« in den Öffentlichen Dienst zurück.

In den sechziger Jahren ging es sogar bis in die Türkei – »schon wieder wegen des Aufbaus einer Fischereiwirtschaft«. Selbst wenn ich ihn damals gesucht hätte, wäre es nicht möglich gewesen, den Vater zu treffen, rechne ich mit. Mein Bruder schreibt über Vaters Vorhaben im Alter: »Als dann beide Kinder aus dem Hause waren, planten meine Eltern, daß mein Vater sich mit 62 in den Ruhestand versetzen lassen sollte – sie hatten damals ausgedehnte Reisen zu unternehmen begonnen, die sie noch weiter ausdehnen wollten; aber schon 1969, mein Vater war damals 61, wurden sie in Griechenland in einen schweren Autounfall verwickelt, bei dem meine Mutter lebensgefährlich verletzt wurde. Daß sie in dem chaotischen griechischen Krankenhaus überlebt hat, war eine bewundernswerte Leistung meines Vaters. Als Folge des Unfalls, bei dem er die Beine gebrochen hatte, ist dann allerdings mein Vater gestorben; Kreislauf und Lunge haben das lange Liegen nicht überstanden, zumal mein Vater nicht die damalige Kondition meiner Mutter hatte. Irgendwie hat die griechische Justiz die Angelegenheit aufgeklärt und den Schuldigen an dem Unfall ausfindig gemacht, so daß meine Mutter, die keine Erinnerung an den Unfall hatte, sicher sein konnte, den Tod ihres Mannes nicht verursacht zu haben.« Sie muß damals also gefahren sein. Mein Vater starb am ersten Advent 1969, unmittelbar vor meiner Verhaftung in Prag. Die Information über seinen Tod habe ich demnach erst nach meinem Gefängnisaufenthalt bekommen.

Über sich schreibt mein Bruder kaum mehr, als ich bereits aus dem ›Who is who‹ weiß. Nach seiner Heirat sei er noch im Rheinland geblieben, habe sich dort aber nie so recht wohlfühlen können. Er sei froh gewesen, als er dem Ruf an eine andere Universität folgen konnte. Zur Zeit sei er der Dekan seiner Fakultät und, weil auf dem Lande lebend, der Taxifahrer seiner Kinder. Als einziger Autofahrer der Familie müsse er jede Menge einkaufen. »Wenn es also etwas dauert mit den Fotos, ist das nicht böse gemeint.« In jedem Fall verspricht er, mehr zu schreiben, sobald er genauer wisse, was mich interessiert.

Mit meinem Glücksbrief in der Hand laufe ich herum, will ihn mit allen teilen. Diese Nachricht darf nicht bei mir bleiben. Überschwenglich spreche ich sie auf die Anrufbeantworter meiner Freundinnen. Sie sollen, sobald sie nach Hause kommen, an meiner Freude teilhaben. Freude konnte ich immer teilen. Nur nicht das Leid – das frißt sich wie Rost in mich ein.

Auf einmal ging alles so schnell. Ich habe doch gerade erst ein wenig mit meinem Spaten herumgestochert und stoße sofort auf Gold. Fast fühle ich mich überrumpelt. Mit Erfolg und Anerkennung hatte ich zuallerletzt gerechnet. Meine nächsten Schritte in die Archive und Bibliotheken werden überflüssig. Auf einmal bin ich gezwungen, mich an eine konkrete Person statt an die Leere zu wenden. Noch ist mir das viel zu direkt, zu offen. Sich mit dem Niemand zu beschäftigen, hatte doch etwas Heimliches. Nun soll ich plötzlich alles offen ansprechen. ›Aber es darf doch niemand wissen, daß Niemand zu Jemand wird. Sonst passiert etwas Schreckliches. Mutti passiert etwas Schreckliches. Mutti wird schrecklich‹, meldet sich ein kindliches Schuldgefühl.

Triumphierend wende ich mich an meinen Niemand, dessen Rumpelstilzchennamen ich nun weiß:

»Vater, jetzt kommst du hervor aus dem Dunkel. Auch wenn ich dich nicht mehr selbst fragen kann, wirst du mir Rede und Antwort stehen. Dein Sohn hat nichts zu verbergen, er ist nicht schuldig. Vielleicht fühlt er sich als dein Ältester sogar verantwortlich. Nun werde ich wissen, was für ein Leben ich versäumte. Ob ich es überhaupt gewählt hätte, wenn man mir die Chance dazu gegeben hätte, oder ob ich auch vor deiner Familie weggelaufen wäre.

Über deine Gefühle weiß ich noch so wenig. Daß deine Frau sich ein positives Bild von dir bewahrt, ist nach deinem Tod nur zu verständlich. Hat dich der Lebensmut verlassen? Warum bist du so kurz vor deiner Pensionierung gestorben, kurz nachdem beide Söhne aus dem Hause waren? Waren die beiden die einzige Lebensaufgabe, die du hattest? War dein Leben mit dem Erfüllen dieser Pflicht beendet, nachdem du deine Schuld an deiner Frau beglichen, ihr Leben gerettet hattest? Du warst ja nicht nur Mutti und mir, sondern auch ihr gegenüber schuldig. Was war der Inhalt deines Lebens? Gab es neben dieser Lebensschuld nur Deine Arbeit? Konntest du dich am Leben freuen?

Mein Bild von dir ist unscharf, orientiert sich an Daten. Ich suche Bilder, um weiterzufragen. Als du dein Segelboot mit meinen Brüdern lackiert hast, hast du da noch mit Mutti zusammengelebt? Warst du wankelmütig, oder hast du mit ihr nur ein Abenteuer erleben wollen? Meine Liebe, die inzwischen von ihrer Reise zurück ist und mir wieder mehr zugewandt ist, sagt, ihr sei ganz schlecht geworden, als sie von deiner Unschlüssigkeit erfuhr. Sie habe sich darin wiedererkannt. Auch sie wisse nicht, was sie wirklich wolle. Ist es diese nahezu vorgeburtliche Erfahrung mit dir, die ich in dieser Beziehung wiederholen muß, in der ich meine uralte Unsicherheit erfahre, immer wieder hoffe, daß sich am Ende alles doch noch zu meinen/unseren Gunsten entwickelt?

Das muß Mutti mit dir durchlebt und unbewußt an mich weitergegeben haben.

Bis zu deinem Lebensende warst du nicht in der Lage, dich zu korrigieren. Was hat dich so starr werden lassen, so unnahbar und wenig auf andere zugehend? Fällt es mir deinetwegen so schwer, mich Menschen zuzuwenden, solange mich nicht ganz starke Gefühle vorantreiben oder ich mich in einer Freundschaft ganz sicher aufgehoben fühle. Sonst bleibe ich lieber im Schneckenhaus, teile meine Gefühle mit Niemand. Ja, Vater, mit dir, aber du wolltest meine Gefühle ja nie.

Als ich infolge der vergeblichen Suche nach dir mich aufgab, und später wegen Vati auch auf Mutti verzichten mußte, ging mir die Luft zum Atmen aus. Um zu überleben, mußte ich alle Gefühle festhalten, zumindest die Restliebe ehemaliger Beziehungen um mich sammeln, etwas Wärme als eine Art Heimat behalten. Von keiner konnte ich mich ganz trennen. In unsicheren Beziehungen muß ich strampeln wie ein Frosch in der Milch, treten, bis aus der Milch endlich Butter wird. Manchmal könnte ich mich zu Tode strampeln.

Auch wenn du etwas an Konturen gewonnen hast – wie warst du wohl? Die Freundlichkeit meines Bruders spüre ich aus seinem Brief. Darf ich das als Plus für dich werten? Ist sie dein Erbe oder das deiner Frau? Woran kann ich dich als Mensch erkennen? In dem Bericht meiner Mutter? Nur an eurer lebenscheidenden Trennung? In meinen Gefühlen erkenne ich dich nur in meiner Unfähigkeit, mit Liebe zurechtzukommen, und dein Fehlen erkenne ich daran, daß ich eine Gefühlssicherheit eher bei Frauen finde.

Es stimmt, ich würde dich gern positiv sehen. Ich möchte meine Liebe zu dir nicht unerfüllt lassen, will dich endlich für mich gewinnen. Heute gibt es ja sonst wohl keinen Menschen mehr, der um deine Liebe buhlt. Jetzt könntest du sie mir doch endlich geben.«

Der innere Diskurs gibt mir Kraft für meinen nächsten Schritt. Ich antworte meinem Bruder, bleibe wie er zunächst beim förmlichen ›Sie‹, rede ihn mit »lieber Halbbruder« an. Ich beginne mit »Sachfragen«, will die Potsdamer Adresse der Großmutter, die Adresse in Hamburg wissen und wo Vater begraben liegt. Natürlich wüßte ich auch gern etwas über das Klima, das in der Familie herrschte. »Was für einen Charakter hatte er? Da meine Mutter sagte, ich hätte meine Überzeugungsgabe von ihm und auch die Art, immer in fünf Büchern zugleich zu lesen, interessieren mich solche Details.« Wissensdurstig springe ich von Frage zu Frage: »Was für eine Frau war seine Mutter, unsere Großmutter. Können Sie sich an die noch erinnern?« Ob unser Vater besonders empfindsam war, will ich wissen, ich muß mir seinen Selbstmordversuch erklären.

»Daß der Vater kein Nazi war, weiß ich bereits von meiner Mutter. Mich würde interessieren, was für ein politisches Bild damals von ihm gezeichnet wurde. Wie stand der Vater eigentlich überhaupt zur Politik. War er Mitglied der SPD? Gibt es in Ihrem Hause Unterlagen aus den Entnazifizierungsakten?« Doch zentral sind für mich die Fragen nach dem Charakter: »Vor allem wüßte ich gern, was für ein Mensch unser Vater war – was für Sonnen- und Schattenseiten hatte er? Schreiben Sie mir bitte, wie Sie ihn gesehen haben – worin Sie ihn bewunderten, aber auch, was sie an ihm überhaupt nicht mochten. Was waren seine Eigenschaften, seine Vorlieben und Hobbies? Was trieb ihn ausgerechnet in das Fischereiwesen? Überhaupt: Wie war er als Vater? Welche Erinnerungen verbinden Sie an ihn als Kind, welche als Heranwachsender? Würden Sie ihn als verständnisvoll, gütig, bezeichnen oder eher als streng? War er ein Workaholic – Sie schreiben ja stets von dem »Experten«. Wie sehen Sie sein Verhältnis zu Ihrer Mutter? Wurde er mit der Entscheidung, zu seiner Familie zurückzukehren, glücklich?« Plötzlich mache ich beim Schreiben einen riesigen Sprung nach vorn, bitte einfach darum, den Bruder einmal besuchen zu können: »Im persönlichen Gespräch kann man leichter am Themenfaden stricken.«

Diesen Brief begleiten, als er geschrieben und abgeschickt ist, weniger Ängste. Aber da habe ich ja noch die Anschrift des jüngeren Bruders. Was tue ich mit der? Etwa noch einen Brief schreiben? Mich in eine neue Unwägbarkeit stürzen? Eigentlich reicht mir ein Bruder. Der erste ist doch nett, was soll ich mit zweien? In mir melden sich Zweifel: Vielleicht ist der zweite ja anders, so wie mein Vater. Gar nicht so freundlich und umgänglich, eher sarkastisch. Das festzustellen, lohnt es wohl, die Auswahl zu haben.

Auch diesmal muß ich proben, ihn für mich ansprechen:

>Jüngerer Bruder, unter dir kann ich mir gar nichts vorstellen. Nicht einmal deinen Beruf weiß ich genau, nur daß du bei einer Versicherung beschäftigt bist. Und daß du dich nicht an deinen Vater erinnern konntest, als du nach Jahren den Vater wieder trafst. Hast du vielleicht den Trennungsschmerz damals ähnlich gespürt wie ich? Sag bloß, du hast dieselben Macken. Hast du deinen Vater aus dir verdrängt, weil er gegangen war? Du hast ihn doch wiederbekommen, Kleiner. Im Gegensatz zu mir. Was hast du daraus machen können?<

Die Vorsicht zwingt meine Gefühle in eine unpersönliche Form. Ich schreibe meinem zweiten Bruder:

>Ihre Adresse habe ich von Ihrem Bruder bekommen, denn ich wende mich ja in derselben >Sache< an Sie. Sie sind neben Ihrem Bruder so ziemlich der einzige Mensch, mit dem ich mich austauschen kann, denn wir haben denselben Vater. Ich hoffe, daß Sie von Ihrem Bruder auf meinen Brief vorbereitet wurden.<

Auch meinem jüngeren, drei Jahre älteren Bruder schildere ich, wie die Beziehung zwischen meiner Mutter und dem Vater in die Brüche ging. Mit jedem Brief, jedem Gespräch fallen mir die Worte leichter. Selbst wenn ich meine Tabu-Angst beschreibe, gibt es bereits einen Anflug von Distanz. Ich begegne mir von mal zu mal weniger nackt. Nun bin ich entschieden, alles von zwei Seiten zu hören, stelle bewußt ähnliche Fragen: »Wie sehen Sie das Verhältnis unseres Vaters zu Ihrer Mutter? Haben Sie das Gefühl, daß Ihre Eltern eine gute Ehe führten? Oder war es eine der vielen, in denen es kein Leben mehr gibt und Anstöße nur noch von außen kommen können?« Nach diesem Brief kann ich in Bonn bleiben. Jetzt kann mir nicht mehr so viel passieren.

Anspruch auf Liebe?

»Sie behandeln ja Liebe wie einen Rechtsanspruch«, hält die Therapeutin mir vor. Ja, die Gegenliebe muß sicher kommen. Ich will überhaupt nur die guten Seiten: Die Freude, die Güte, Harmonie, die Leidenschaft, Zorn, Enttäuschung und Wut haben keinen Platz. Tränen ja, auch Trauer und Verzweiflung. Es fällt mir schwer zu begreifen, daß ein Pendel nach zwei Seiten ausschlagen muß, und daß ich mit solchem Druck das Leben kaputt mache.

Soll ich auf meine Liebe wütend werden? Nein, dabei würde sie nur den Zorn abbekommen, der nicht zu ihr gehört. Ich müsse die Wut auf meinen Vater suchen, empfiehlt meine Therapeutin. Mit meiner fehlgeleiteten, nicht ausgetragenen Wut hätte ich schon die Beziehung zu meiner Mutter kaputt gemacht. Das sei doch genug Leid. Stimmt. Liebe dem Vater und Wut der Mutter. So habe ich stets getrennt, ohne es mir einzugestehen.

Warum kann ich Liebe nicht als Geschenk nehmen. Schenken heißt für mich, alle Gefühle geben. Geschenke sind keine Momentaufnahme. Ich kann nur die würdigen, die alles enthalten. Nur unerwartete Gaben stoßen auf keinen Erwartungspegel. »Geschenke bekommt man doch auch nicht ununterbrochen, Zuwendung aber erwarten Sie ständig«, werde ich gespiegelt. Stimmt. Deshalb bin ich so leicht enttäuscht. Diesen Frust schaffe ich mir selber. Wie sollte mich meine Liebe überhaupt einmal mit Glück überraschen können? Vielleicht habe ich Angst vor dem Glück, überlege ich. Es ist so ungewohnt.

Ein Mensch könne mir doch nicht alles sein, ich müsse mehr zu mir vorlassen, verlangt die Therapeutin mir ab, und auch nicht alle in meinem Innersten versammeln. Da paßten sowieso nur wenige hinein. Ich solle mir einen Vorhof anlegen. In dem könne ich Menschen versammeln und mit denen auch streckenweise glücklich sein. Jede und jeder einzelne dort besäße Eigenschaften von meiner Liebe. Im Innenhof, wird mir das Bild weiter ausgemalt, seien nur meine Liebe und der Vater. Ich gerate in einen Loyalitätskonflikt. Dann müßte ich meine Freundinnen ja wieder rausschicken, protestiere ich. »Es gibt in mir nur den Innenplatz.« Dann müsse ich die eben so lange hin und her rangieren, bis der Abstand stimme, wird mir gesagt. Zu Anfang gerate der mal zu weit und mal zu nah. Dieses Geschiebe werde eine Weile andauern.

Die Vorstellung vom Vorhof macht mir Angst. Mir ist, als würde ich selbst ausgeschlossen. Als ich mich endlich auf das Bild einlasse, erblicke ich meine Mutter weder im Innenhof noch im Vorhof. Sie hängt, glaube ich, am Fenstersims, versucht hereinzuklettern. Zornig verwehre ich ihr den Zutritt, sie hat ihren Anspruch auf Liebe verwirkt. Dennoch überfällt sie mich mit ihren Liebeswünschen wieder und wieder von ihrem abgeschlagenen Platz aus. Ich werde sie nicht los. »Ihre Mutter ist eine tragische Gestalt«, stellt meine Therapeutin klar. »Nicht alle Ablehnung, die sie von Ihnen bekommen hat, hat sie auch verdient.« Einen Teil davon müsse ich gegen meinen Vater richten. Mutti tut auf einmal allen leid, ich bin beleidigt. »Ich wollte mich ja von meinem Vater trennen«, setze ich mich zur Wehr. »Nein«, lacht die Therapeutin. »Den behalten Sie mal ruhig. Aber mit allen Gefühlen, den positiven und den negativen. Suchen Sie die Wut auf Ihren Vater!« Sie schickt mich los wie einen Hund. Steine solle ich auf sein Grab werfen. Mir ist nur danach, um ihn zu weinen, um unsere nie gehabte Liebe.

Als ich in den nächsten Tagen und Wochen Freundinnen treffe, entwickle ich an ihnen ein ungewohntes Interesse. Auf einmal sind die Begegnungen kein Ersatz mehr für eine Verabredung mit meiner Liebe. Ich spüre die keimende Unabhängigkeit. Noch ist das Gefühl schwach, aber bemerkbar macht es sich schon. Zu Hause mache ich mir eine Liste mit Eigenschaften, die ich an meinen Freundinnen mag. Tatsächlich besitzt jede irgendeine Seite von meiner Liebe. Wenn ich alle treffe, mich ihnen mehr öffne, bekomme ich etwas von dem, was ich bei ihr gesucht habe.

Steht meine Hilflosigkeit am Ende gar nicht für meinen Vater, sondern für die Art der Liebe, die ich von meiner Mutter gelernt habe? Muß ich erst ihren Platz finden, mein Verhältnis zu ihr klären? Sobald Angst vor Liebesverlust in mir Platz greift, merke ich, daß ich so wie meine Mutter am Fenstersims klammere. Wenigstens etwas Liebe will ich bekommen. »Ich brauche meine Liebe, damit ich mit mir weiterkomme«, halte ich mich erneut fest. Ich will den Fehler meiner Mutter nicht wiederholen und mit meiner Liebe im Herzen weggehen. Sie mußte sich ein Leben lang versichern, daß sie meinen Vater nicht gemocht hat.

Das Schwanken der Beziehung ergreift mich nun vollends. Nun wanke auch ich, will alles verwerfen, weil ich den Unsicherheitsschmerz nicht länger aushalte. Dann überspringe ich meine Not, will sie mit Liebe kitten, beschwichtigen, heilen, wie ein Kind alles wieder gutmachen. Als ich in der Krise plötzlich im Wirbel der Gefühle in immer schnelleren Drehungen herumgeschleudert werde, kann ich mich selbst kaum noch aushalten. Dann, auf einmal eine Klärung: Meine Gefühle bekommen Wurzeln. Plötzlich weiß ich, was ich in dieser Beziehung gesucht habe: Ich liebe an meiner Freundin das kleine Mädchen, das ich in mir verloren habe. Gestern, als ich mit ihr zur Frauengruppe fuhr, hat mich ein Lachzwang geschüttelt. Ich liebe an ihr das, was ich nie wurde, was zu werden ich verweigerte. Habe ich mich, als mein Stiefvater zwischen meine Mutter und mich trat, so standhaft trotzig verweigert, daß Teile von mir nicht weiterwuchsen? Ist das Mädchen in mir mit der Kindheitshöhle verschüttet worden? Knüpfe ich durch diese Beziehung an mich damals an?

Danach nimmt das kleine Mädchen in mir Gestalt an. Es läuft mit mir zum Zigarettenautomaten. Von seinen weißen Kniestrümpfen ist einer halb bis zu dem schwarzen Lackschuh heruntergerutscht. Es hat hellblondes Haar. Manchmal hüpft es auf und ab. Ich begrüße es erleichtert. Wenn es wieder in mir ist, bin ich nicht allein. Ich spüre, wie es herumtrotzt, weiß nun auch warum.

Entstanden ist diese Phantasie, als ich eine Kasperle-Puppe zur Hand nehme. Ich wiederhole ein Gespräch zwischen meiner Liebe und mir. Schon nach wenigen Minuten sitze ich tränenüberströmt da. Als Grete war ich so wütend auf meine Liebe, daß es weh tat. Dann versuchte ich es mit Kasper und Grete. Als

Grete beschwere ich mich über Nachbar Schnipp. Kasper will gegen den ungeliebten Nachbarn vorgehen, mir im Beziehungsdreieck helfen. Nach diesem Spiel kam das kleine Mädchen, das ich war, zurück. Nun kann es endlich wachsen.

Zusammen hätte es sich gut geschnüffelt

Unbeteiligt gehe ich meine Post durch, erwarte nur Bankauszüge, Telefonrechnungen, Pressemitteilungen. Bei einem Brief fällt mir die unerledigte Post ein, die ich nach einer RTL-Plus-Talkshow über sexuelle Belästigung nicht beantwortet habe. Und jetzt noch einer. Erst bei der Anrede stutze ich: »Liebe Sibylle«, steht da, »Du erlaubst sicher, daß ich Dich als größerer (Halb-)Bruder (eine für mich ungewohnte Rolle) mit Du anrede.« Verdutzt studiere ich erst einmal den Absender. Mein jüngerer Bruder, den ich, wie vorher schon den älteren, zur Sicherheit aus meinem Gedächtnis gelöscht hatte, antwortet ebenso prompt. Er spricht mich sogar direkter an als der ältere, akzeptiert seine Rolle mir gegenüber sofort.

Der Jüngere spricht unverkrampft seine Sehnsüchte aus: »Als ich noch ein kleiner Junge war, habe ich mir einen jüngeren Bruder als Spielkameraden gewünscht. Daß ich eine jüngere Halbschwester habe, weiß ich, seit ich vierzehn Jahre alt war. Ich fand zufällig einen Brief des Vormundschaftsamtes, mit dem unser Vater an seine Zahlungsverpflichtungen erinnert wurde.« Alle haben so herumgeschnüffelt wie ich. Meine kindliche Neugier kam mir wie ein Verbrechen vor. Bruder, zusammen hätte es sich besser geschnüffelt.

Mein jüngerer Bruder reagiert hart auf unseren Vater: »Daß er nicht gezahlt hatte, lag sicher an seiner sich im Laufe der Zeit verstärkenden Trunksucht. Zu trinken angefangen hat er wohl in Riga oder kurz danach.« Als ich meine Mutter fragte, ob Vater wohl viel getrunken habe, erinnerte sie sich nur an ein normales, allerdings regelmäßiges Trinken. Sie guckte dabei wieder so, als ob sie nicht alles sagte.

Spannungen zwischen seinen Eltern hat der Jüngere sehr wohl beobachtet: »Meine Eltern hatten sich nach dem Krieg ja getrennt. Uns Kindern gegenüber war die notwendige Flucht unseres Vaters in den Westen als Grund angegeben worden – ich weiß nicht, ob der Grund nicht auch anderswo lag.« Vielleicht ist das ein Hinweis, daß meine Mutter damals auf Vater gewartet hat. Ich muß sie fragen.

1948, da war der jüngere Bruder sieben, seien sie dem Vater nachgezogen. »Daß damals zwischen meinen Eltern große Spannungen herrschten, habe ich natürlich miterlebt und nach der Trennung nie ein gutes Verhältnis zu ihm gefunden.« Seine Abneigung gegen Vater ist so stark, daß er sich heute, zwanzig Jahre nach seinem Tode, weigert, mir Genaueres über ihn zu schreiben: »Es wäre nicht viel Gutes.«

Beide Brüder nehmen unseren Vater ganz unterschiedlich wahr. Der ältere verteidigt ihn, erkennt seine Leistungen an, der jüngere verachtet ihn: »In seiner Jugend (auch bis vor dem Krieg) soll er sportlich gewesen sein. Das ist durch seinen Wirtschaftswunderbauch verschwunden.« Widerwillig erkennt der Jüngere am Vater an: »Intelligent, belesen und (wenn gut aufgelegt) auch unterhaltsam konnte er sein.« Offenbar hatte Vater oft schlechte Laune.

Ein Foto, auf dem der Vater allein drauf sei, besitze er nicht. Er klingt trotzig: »Ich sammle sowieso keine Erinnerungsstücke und – nachdem ich mich mit unserem Vater nicht gut verstand – von ihm erst recht nicht.« Obwohl er den Vater hatte, fühlte er sich ähnlich ungeliebt wie ich. Dennoch legt er zwei Bilder bei, die er bei der Verlobung und Hochzeit des älteren aufgenommen hat. Ich darf sie behalten. »Etwas Besseres habe ich in der Eile nicht gefunden. Es gibt vielleicht auch nichts«, entwertet er sein Geschenk an mich.

Bilder! Endlich Bilder, jubele ich. Doch dann erschrecke ich. Vor mir sehe ich einen innerlich abgewandten, dicken Mann. Blonde Resthaare stehen über einer halbpolierten Glatze, die gerötet ist wie sein Gesicht. Man sieht ihm den Alkohol an. Auf einem Bild wirkt er abweisend, mufflig und kommunikationslos. Auf dem anderen beobachtet er, ohne deshalb viel lebendiger zu wirken, aus den Augenwinkeln. Er hat etwas Lauerndes. Meine Mutter guckt auch manchmal so. Mußten beide den Verzicht auf die Liebe mit ihrer Lebendigkeit bezahlen? Ist das der Preis solcher Trennungen?

Was für ein Panzermensch. Sieht aus wie ein ziemliches Ekel. Den kann man doch gar nicht lieben. Wenn man so jemanden als Tischnachbarn auf einer Neckermann-Reise hat, ist man schon geschlagen genug. Nein, mein Traumvater wäre der bestimmt nicht. Mit meinem Stiefvater kann er äußerlich nicht mithalten. Auch nicht an Lebendigkeit. Auf beiden Bildern ist Vaters Frau die Lebendige. Hat der Sieg über ihren Mann sie belebt? Oder mußte sie für beide leben, ihn beleben? Ich muß den jüngeren Bruder zum Sprechen bringen.

Trotz meiner Abwehr vergleiche ich seine Gesichtszüge mit den meinen. Mein Mund und die Nase stammen von ihm. Die Brauen und auch die Ohren von meiner Mutter. Bei den Augen bin ich mir nicht sicher. Das Bild ist zu ungenau. Den Gesichtsschnitt und das Kinn habe ich von ihm. Jedenfalls, wenn ich mir vorstelle, daß ich noch runder wäre.

Der Lebensweg des jüngeren Bruders ist anders als der des älteren, weniger glatt, meinem etwas ähnlicher. Auch er wollte früh von zu Hause weg, hat mit Schulstreik auf den Zwang seines Vaters reagiert. In der Schulzeit habe ich stets ohne häuslichen Zwang gelernt. Meine verdeckte Lernverweigerung fiel nur wenigen Lehrerinnen auf, nicht aber meiner Mutter. Bei ihm dagegen: »Wegen Schwierigkeiten mit ›Mathe‹ und um mich auf die eigenen Beine stellen zu können, verließ ich die Schule kurz nach der mittleren Reife.« Den Streß kann ich mir vorstellen, wo der größere Bruder Naturwissenschaftler wurde! Ab und an schleichen sich Rechtschreibfehler bei ihm ein. Das muß mit emotionalen Unsicherheiten zu tun haben, daß er sich in Regeln nicht einfügen kann, nachdem er sie in der Kindheit als falsch erlebt hat. Auch ich habe mit solchen Macken zu kämpfen. »Sie trennen, wo eigentlich etwas zusammengehört«, hat meine Therapeutin beobachtet. Aber wie lerne ich, das Trennende in mir zu verknüpfen und zu trennen, was nicht zusammengehört?

»Nach meiner Lehre bin ich bald von zu Hause weggegangen«, fährt mein jüngerer Bruder fort, »und arbeitete bei einer Versicherung, wo mich der Ehrgeiz packte und ich auf einer Abendschule das Abi nachmachte. Schmalspur ohne Mathe.« Im punktuellen Versagen blieb er hartnäckig. Aber ohne Vater und Familienstreß, entnehme ich seinen Worten, ging das Lernen leichter. Studiert hat er schließlich im Ausland und dort auch seine Frau kennengelernt. Danach hat es ihn nach Süddeutschland verschlagen: »Wir haben zwei Kinder (Sohn siebzehn, Tochter fünfzehn) und seit zehn Jahren ein Haus, da wir wohl immer hierbleiben wollen.«

Falls ich einmal in seine Gegend komme, möchte er mich treffen, bietet er von sich aus an. Dann folgt eine Einschränkung, die mich lange kränkt. Da seine Mutter möglicherweise altershalber in seine Nähe ziehen wird und dann öfter bei ihnen wäre, soll ich mich bei ihm an seiner Arbeitsstelle melden. »Ich kann mir vorstellen, daß Du für sie nur unangenehme Erinnerungen wecken würdest. Ich hoffe, Du verstehst das.« Tue ich das? Die alte Narbe schmerzt sofort wieder. Die alte Dame soll nicht belastet werden – aber ich muß alles aushalten. Ich war es doch nicht, die sie gekränkt hat. Das war doch mein Vater! Und wenn ihre Ehe damals so schlecht war, hatte sie daran denn keinen Anteil? Soll ich noch länger verschwiegen werden?

Besuch bei meiner Mutter

Mein Besuch bei meiner Mutter wirft seine Schatten voraus. Tage vorher klagt sie bereits, daß ich nicht lange genug bleibe. Das wirft sie mir am Telefon vor. Ich gerate unter Druck. Schließlich gebe ich nach, fahre einen Tag früher los und bleibe einen länger. Dieses Mal muß etwas mehr Zeit sein, ermahne ich mich zur Nachsicht. Ich liste alles Unklare auf, um mich von keiner Frage abbringen zu lassen. Ob ich noch einmal die Kraft aufbrächte, wenn ich wieder scheitere, weiß ich nicht. Meine Fragen sind ein Sammelsurium. Ich möchte alles über meinen Vater wissen, auch wie ich als Kind war, und warum sie mich während ihrer Ehe innerlich so mir selbst überlassen hat. Meine Vatersuche ist auch eine Auseinandersetzung mit ihr.

Nach dem gemeinsamen Kaffeetrinken lehne ich weitere Essensangebote ab, ich bin verabredet. Gerade als ich los will, ruft die Freundin an. Meine Mutter hat sie am Telefon, behält den Hörer, redet mir ihr, als wäre das Gespräch nicht für mich. Wie Pique Sieben stehe ich daneben, weiß nicht, wie ich das Gespräch unterbrechen soll. Es ist doch für mich. Das ist der Rand, an dem ich mich immer befand, ich erkenne ihn sofort wieder. Er macht mich kinds-hilflos. Meine Mutter hat stets allen Raum für sich beansprucht, es ist so, wie die Tante gesagt hat. Nur als ich ein kleiner Putz war, hat sie mich in den Mittelpunkt gestellt, als wäre ich ein Teil von ihr. Als ich selbst Platz gebraucht hätte, konnte ich keinen gegen sie durchsetzen. Ich kann nur störrisch wie ein Esel dort verharren, wo ich gerade bin.

Von einer Krankheit und einem Schwächeanfall nach dem anderen berichtet meine Mutter am Telefon. Ich kenne jeden, langweile mich zu Tode. Von Schwächeanfall zu Schwächeanfall wird sie munterer und ich schwächer. In mir steigt Haß auf. Ich erlebe life, wie ich um meine Beziehungsautonomie gebracht wurde. »Umgebracht wurde«, zieht jemand später diesen Satz zusammen.

Irgendwann mische ich mich ins ausufernde Telefonat. Ich bin so knapp wie der Raum, der mir bleibt. »Was ist denn mit dir los«, fragt die Freundin erstaunt. Ich wolle nur wissen, ob es bei dem Termin bleibe. Ja, das habe sie mir sagen wollen, ich solle sie abholen. »Gut, ich fahre dann jetzt los. Dann könnt ihr in Ruhe zu Ende telefonieren.« Ich klinge so beleidigt wie das Leid, das in mir aufsteigt. Als ich nach etwa zwanzig Minuten Fahrt quer durch Berlin bei der Freundin ankomme, ist meine Mutter noch in der Leitung.

Die Freundin hat ebenfalls Probleme mit ihrer Mutter. Ich ermutige sie, die Auseinandersetzung zu führen: »Heute machen wir das doch nicht mehr wie mit fünfzehn.« Wider alle Erfahrung glaube ich unverdrossen an mein Erwachsensein. »Es kommt doch darauf an, etwas an der Beziehung zu verbessern«, mache ich mir selbst Mut für das Gespräch.

Nachts wälze ich mich schlaflos herum, stehe auf, suche doch schon nach dem Bild meines Vaters. Alle alten Verstecke überprüfe ich. Umsonst. Ich bin zu nervös, Heimlichkeit ist nichts für mich. Falls meine Mutter aufwacht, wie sollte ich ihr erklären, daß ich gerade noch einmal die achtjährige Sibylle bin, die immer noch das vorenthaltene Foto sucht?

Streit

Der Morgen beginnt ruhig. Nach dem üppigen Frühstück zeige ich meiner Mutter die Fotos meines Vaters. »Ich habe keine Ahnung, wer das ist«, sagt sie, ruft aber zwischendurch: »Das gibt es doch nicht!« Sonst nichts. Kein Wort. Dann wieder: »Das gibt es doch nicht!« Nicht einmal jetzt will sie das Thema von sich aus aufgreifen. Also erkläre ich ihr, daß es Bilder meines Vaters sind. Umständlich holt sie die Brille, setzt sie auf, guckt demonstrativ genau hin. Dann amüsiert sie sich, wie der sich verändert hat.

Ich nehme meinen Mut zusammen: »Du könntest mir doch jetzt endlich das Bild meines Vaters geben.« Wenigstens sagt sie diesmal nicht, sie habe das Foto längst vernichtet. Statt dessen ist sie erstaunt: »Ich habe die Bilder längst nicht mehr. Ich dachte, du hättest sie dir aus meinen Unterlagen mitgenommen.« Auf diese Umkehrung bin ich nicht gefaßt. Dann hätte ich das Bild ja längst haben können, wenn sie das annimmt und trotzdem nichts sagt. Meine Mutter hätte sich lieber die Zunge abgebissen, als das Vater-Thema von sich aus anzusprechen. »Es war ja klar, daß du einmal den Kontakt zu deinen Brüdern aufnehmen würdest«, fügt sie sich in das Geschehene.

Ich lasse mir die Erlaubnis geben, in der Wohnung nach dem Bild zu suchen, trage alle Fotoalben zusammen. Die Akte über die Alimente und die Überweisungen meines Vaters habe ich nachts übersehen. Es finden sich sogar einige Briefe von ihm an meine Mutter und Kopien ihrer Briefe an ihn dazwischen. Glücklich nehme ich sie an mich, diesen Erfolg hat mein Besuch bereits.

Das Foto aber ist nicht da. Ich finde alte Alben von mir. Sogar ein paar Kinderfotos besaß ich. Meine Erinnerung hat mich getäuscht. »Du hast dich ja nie dafür interessiert«, wirft sie mir vor, als ich meine Klassenfotos und die meiner ersten Freunde an mich nehme. Selbst einen Brief finde ich darunter, in dem mir mein erster Liebhaber nach der gemeinsamen Nacht mitteilt, daß er homosexuell sei. Er drückte das damals noch anders aus: daß ihn in bestimmten Situationen die Abwehr gegen Frauen packe, vor allem wenn sie etwas mütterlich seien, ich aber bitte darüber nichts sagen solle, weil das zu gefährlich sei. An den Schock erinnere ich mich wie heute: Ich war empört über den Vorwurf. Ausgerechnet ich sollte mütterlich wirken.

Wir gehen die Alben durch. Dabei macht meine Mutter gern mit, auch bei den Stapeln nicht eingeklebter Fotos. An Riga könne sie sich gar nicht mehr erinnern, sagt sie. Daß sie eine Fotosammlung aus Lettland besitzt, ist ihr entfallen.

Ich beginne zu fragen. Noch einmal zum Selbstmordversuch. Wer meinen Vater denn gefunden habe? Es sei im Hause seiner Frau passiert. Nachbarn hätten ihn gefunden und rechtzeitig abgeschnitten. Die hätten ihr dann auch die Nachricht überbracht. Wie denn das Gespräch mit meinem Vater danach verlaufen sei? »Wir haben gar nicht gesprochen«, sagt sie. Nur seiner Mutter habe sie mitgeteilt, daß sie gehe. Ich bezweifle das. Nach einem Selbstmordversuch gehe doch niemand zu dessen Mutter und sage: »Tschüß, das war's dann!« Nein, lenkt sie ein, dann könne es so nicht gewesen sein. »Irgendwann muß er mir ja auch den Satz gesagt haben: ›Ich amüsiere mich hier, während meine Frau und die Kinder umkommen.‹ Also müssen wir geredet haben«, überlegt sie.

»Wie war der Einzug in die Rigaer Wohnung meines Vaters«, versuche ich mich blind vorzutasten. Auf einmal wird meine Mutter knapp. »Normal«, sagt sie. Ihr sei ein Zimmer zugewiesen worden, die beiden Männer hätten ja schon welche gehabt. Wie ihr Alltag gewesen sei, bohre ich weiter, wie eine Zahnärztin, die sich langsam aber sicher dem Nerv nähert. Ich bekomme karge Antworten. »Wir sind morgens aus dem Hause gegangen und abends wieder zurückgekommen.« Langsam packt mich die

Wut, ich drücke sie weg: »Das geht ja wohl allen Berufstätigen so.« Ansonsten sei nichts zu sagen, sperrt sie sich. Jeder habe seinen Freundeskreis gehabt. Sie seien ja keine Familie gewesen. »Mich interessieren die gemeinsamen Abende«, stelle ich klar. Sie wird bockig: »Sei nicht so inquisitorisch«, wehrt sie ab.

Plötzlich bricht der gestaute Zorn aus mir heraus. Schließlich sei das auch meine Geschichte, ich habe ein Recht darauf, endlich zu erfahren, was sie mir 43 Jahre lang vorenthalten habe, tobe ich. »Ich muß das wissen, ich kann doch nicht warten, bis du tot bist.« »Wenn du brüllst, sage ich gar nichts mehr«, in dem Ton habe niemand mit ihr zu sprechen. »Dann kann ich ja gehen«, kontere ich. Es sei besser, einmal zu schreien, als immer alles runterzuschlucken. Das hätte ich 43 Jahre lang getan. Das sei mehr als genug. Meine Mutter droht: »Du wirst schon sehen, was du davon hast, wenn ich meine Verfügungen treffe.« Sie greift zum letzten Machtmittel, setzt ihr Geld zur Disziplinierung ein. Im Augenblick ist mir alles egal. Jetzt oder nie will ich erfahren, was mit meinem Vater war.

Bemüht, meine Stimme wieder unter Kontrolle zu bekommen, erkläre ich, daß ich in der Therapie auf das Vaterthema gestoßen sei und es für mich klären müsse. Von ihr kommen nur noch Spitzen. »Früher hatten wir nicht so viel Zeit, uns um unsere Seelchen zu kümmern.« Solange sie glaubte, daß ich die Therapie wegen der Trennung mache, war sie voller Verständnis. »Heute denkt jeder nur an sich«, wirft sie mir vor. Als ich nicht reagiere, appelliert sie an meine Schuldgefühle. Immer wieder passiere ihr dasselbe. Erst mit meinem Vater, dann mit Vati, heute mit mir. Immer gebe sie alles, für sie sei aber niemand da. Nun sei sie darüber 76 geworden und werde wohl allein sterben.

Ihre Klage ist endlos: Als sie krank war, hätte ich zwar alles prima organisiert, gekommen sei ich jedoch nicht. »Mutti«, werbe ich um ihr Verständnis, »das wäre wirklich nicht gut gewesen. Es war doch klar, daß ich mit dir über meinen Vater sprechen muß. Ich hätte dich damals nicht pflegen können.« Unter ihrem Druck vergesse ich zurechtzurücken, daß ich damals täglich auf dem Absprung war, um loszufahren, falls sich ihr Zustand verschlechterte. Das hatte ich ihr auch täglich bei unseren Telefonaten versichert.

Sie wiederholt ihre Drohung, mich zu enterben. Dabei vermeidet sie sorgfältig, das Wort Erbschaft auszusprechen. Das hätte zu endgültig geklungen. »Mutti, du hast mich als Kind schon bedroht, wenn ich etwas angestellt hatte, daß ich Schuld sein werde an deinem Tod. Glaubst du, daß mich das heute noch schrecken kann? Dein Schweigen über meinen Vater hat mir so viele Probleme bereitet, daß ich seit Monaten daran arbeiten muß.« Sie weiß es besser. »Das ist es nicht.« Ich spüre eine verdeckte Spitze, ihre wortlose Handbewegung weist auf etwas anderes. Endlich spricht sie es aus: »Du bist wie dein Vater. Der ist auch immer so ekelhaft mit den Leuten umgesprungen.« Nur zu ihr sei er anders gewesen. Das sei das einzige, was sie damals nicht bedacht habe: daß er in meiner Person ein Leben lang bei ihr bliebe.

Meine Mutter ist randvoll mit Mißtrauen. Ob die Tante mich gegen sie aufhetze? Ich lache sie aus: »So oft sehe ich die doch wirklich nicht.« Sie klagt: Ihre Schwester habe nicht einmal angerufen, als sie die Lungenentzündung hatte. Seither hat meine Mutter den Kontakt zu ihrer Schwester auf ein Minimum reduziert. »Verlassenwerden«, sagt sie, obwohl sie sich stets selbst trennte. Ihr Schock ist das Verlassen. Sie schaut jetzt aus, als ob sie sich in eine Trennung von mir hineinzutreiben sucht. »Ich kann es nicht, ich kann es nicht«, schluchzt sie verzweifelt auf.

Ihre Bitterkeit steht zwischen uns. »Du hast ja schon mit allen gesprochen, dir alle Informationen zusammengesammelt. Das kannst du ja auch weiter tun. Dazu brauchst du mich ja nicht.« Sie fürchtet, alle hätten sich gegen sie verschworen. Ich versuche sie zu beruhigen. Es gehe mir nicht darum, sie zu verletzen. Mir liege daran, daß es zwischen uns besser werde. Wenn die fehlenden Informationen und das Bild nicht mehr zwischen uns stünden, könne es doch nur aufwärts gehen. »Vielleicht können wir gemeinsam auf meinen Vater wütend sein«, schlage ich vor. Harsch weist sie mein Solidaritätsangebot zurück: »Ich bin mit deinem Vater fertig.«

Wenn sie mit ihm fertig sei, könne es doch nicht so schwer

sein, mir ihren gemeinsamen Alltag zu schildern, setze ich sanfter an. Irgend etwas müsse ihr doch einfallen. Zögernd läßt sie sich ein. Die Wohnung, in der sie zu dritt lebten, hatte neun Zimmer, wahrscheinlich hatte einst ein Minister darin gewohnt. Vorn waren die Repräsentationsräume gewesen, eines davon ein Berliner Zimmer mit einem Kamin. Hinten waren die Wohnräume. Kennengelernt habe sie meinen Vater durch eine Freundin, meine Ruhlebener Kindheitszahnärztin. Bei der sei sie gerade zu Besuch gewesen, als mein späterer Vater zur Tür hereinschneite. Auf ihre forsche Art habe die Freundin meinen späteren Vater aufgefordert, ihr zu helfen: »Sie sind doch sonst so gut im Organisieren. Lassen Sie das doch mal einer Dame zukommen.« Damals hat meine Mutter in der Polizeikaserne gewohnt, »ein besserer Puff«, ekelt sie das Verhalten der Blitzmädel noch heute. Es sei unvorstellbar gewesen, wie die sich benommen hätten. Dann beginnt sie haargenau aufzuzählen, mit wem sie alles sprach, um die Genehmigung für den Umzug zu bekommen. Also erinnert sie sich doch.

Weihnachten hatte sie mir diese erste Begegnung noch anders geschildert. Da war von einem Adjutanten ihres Vorgesetzten die Rede, der ihr die Wohnung vermittelte. Ich registriere, daß sie mir die Beteiligung meiner Kindheitszahnärztin bislang verschwieg. Ich schwanke zwischen Zorn und Erleichterung. Immerhin erhalte ich erstmals von ihr einen Anhaltspunkt, wo ich noch weiterfragen könnte.

Sie zog bei meinem späteren Vater ein. Und weiter, frage ich gespannt. Ja, dann habe sie ihre Sachen geholt, sei in eines der hinteren Zimmer eingezogen. Den Haushalt habe eine Lettin für sie geführt. Zunächst habe sie sich gar nicht für meinen Vater interessiert. Nach einiger Zeit habe er jedoch begonnen um sie zu werben. Jeder habe damals eine Kriegsfrau gehabt. Die hätten auch so geheißen. Ein Gericht fällt ihr ein. Zum Frühstück habe die Wirtschafterin ab und zu Speckblinis gemacht. Die hätten meinem Vater besonders geschmeckt.

Hat Vater viel getrunken, frage ich erneut nach. Sie überlegt. Nein, mehr als normal wohl nicht. Das meiste sei gegen Lebensmittel getauscht worden. Dann fällt ihr das Eßzimmer ein, ein kleiner Raum, dessen Wände über und über mit Flaschenetiketten beklebt waren. Aber es seien ja oft Gäste dagewesen, die hätten mitgetrunken. Mein Vater sei ein intelligenter Unterhalter gewesen. »Er hat wunderbar deklamiert. Mit ihm habe ich Hölderlin und Rilke gelesen und Zugang zu Literaten gefunden, die mir sonst eher fremd waren.« Auch für Malerei habe sie sich während der Zeit mit ihm interessiert. Einige der Bücher meiner Mutter müssen aus Vaters Zeit stammen. Sie paßten nie wieder in ihr Leben.

Ich will wissen, ob sie in Riga schon ein Liebesverhältnis hatten. »Ich frage dich doch auch nicht, was du in deinen Liebesbeziehungen im einzelnen machst«, drückt sie sich. Das sei doch etwas anderes, versuche ich eine neuerliche Zuspitzung abzuwenden, schließlich sei sie ja keine Tochter aus meinen Beziehungen. Mich interessiere auch nicht irgendein früheres Verhältnis. Über Flirts habe sie mir sowieso immer viel freier Auskunft gegeben. Geschmust hätten sie in Riga schon – selbst dieses Eingeständnis fällt ihr schwer. Zwei Jahre sei es ihr gelungen, meinem Vater standzuhalten. In den letzten Kriegstagen hätten sich jedoch alle Beziehungen intensiviert. Riga war mehrfach von den Russen eingeschlossen. »Wir wußten ja nicht, ob wir da lebend wieder herauskommen.«

Nach außen sei ihr Kontakt förmlich gewesen. Dafür fällt ihr ein Beispiel ein. »Einmal waren wir in einem Restaurant, er mit seinen Kollegen, ich mit meinen. Wir saßen an getrennten Tischen. Da hat er nur aus der Ferne mit einem Kopfnicken zu unserem Tisch herübergegrüßt.« Als ein Kollege ihn fragte, wer sie denn sei, habe er geantwortet, daß er mit der Dame die Wohnung teile. Der Kollege habe ihn entgeistert angesehen: »Und dann bist du so förmlich?« Meine Mutter lacht dabei, als hätten sie sich schon damals köstlich darüber amüsiert. Sonst aber habe man sich nie miteinander verabredet. Wer in der Wohnung war, war eben da.

Wie war der Alltag, habt ihr zusammen Sport getrieben? Nein, Sport gehöre in ihre Bromberger Zeit. Irgendwann habe Goebbels seine Rede über die reitenden Damen im Tiergarten gehalten. Danach hatte ihr Reitlehrer, einer von der Spanischen

Reitschule in Wien, selbst im fernen Lettland Angst, ihr noch ein Pferd zu geben. Deshalb sei sie in Riga nur selten zum Reiten gekommen. Als Kind hat meine Mutter mich oft zur Spanischen Reitschule mitgenommen. Damals muß sie ihren Erinnerungen nachgehangen sein. Ich habe das wohl gespürt.

Hat Vaters Familie in Riga gewohnt? Nein, sagt sie, die Familie mitbringen durften nur ganz hohe Ränge. Ihr vorgesetzter General fällt ihr ein. Vaters Familie sei nur zu Besuch da gewesen. Ihr gegenüber habe er vom ersten Tag an gesagt, daß er sich von seiner Familie trennen wolle. Damals sei an eine Beziehung zwischen ihnen noch gar nicht gedacht worden. War Vater eher mutig oder eher feige, will ich wissen. Wahrscheinlich eher das letztere, überlegt sie.

»Was hätte ich denn anders machen sollen«, fragt sie mich unvermutet. »Vielleicht hättest du kämpfen sollen, es zumindest versuchen. Selbst wenn es am Ende nicht erfolgreich gewesen wäre«, sage ich. »Den Kampf hätte ich mit Sicherheit gewonnen«, antwortet sie. Ich bin fassungslos, daß sie einfach aufgegeben hat, obwohl sie schwanger war. »Was man mir nicht von allein gibt, will ich nicht haben«, ihr trotziger Stolz ist ungebrochen. Aber wieviel Angst vor Verletzung steckt dahinter. Und wieviel Selbstverletzung. Kämpfen wäre für sie nicht akzeptabel gewesen: Sie habe sich doch schuldig gemacht, als sie in die andere Familie eindrang. Obwohl ich begreife, daß damals die moralischen Maßstäbe andere waren, erstaunt es mich, daß meine Mutter noch heute so denkt. Was heißt überhaupt Schuld! Dennoch rührt sich mein Kindertrotz: »Dann hättet ihr wenigstens abwarten sollen, bis der Krieg zu Ende ist und sich die Lebensbeziehungen neu regeln.« »Ja«, seufzt meine Mutter. »Aber wer konnte denn damals ahnen, wie lange das alles noch dauert. Im Nachhinein ist alles einfach.«

Mit ihrer Erlaubnis gehe ich noch einmal daran, ihr vollgestopften Schränke nach dem Bild zu durchforsten, krame zwischen den Bilanzen des vor dreißig Jahren verkauften Lesezirkels, gebrauchtem Geschenkpapier und Lametta, halbheruntergebrannten Kerzen. Wozu hebt sie das nur alles auf, stöhne ich. Warum trennt sie sich von Personen, nicht aber von Sachen?

Die »Geheim«fächer von Opas altem Schreibtisch sind leer. Mir ist kein Griff mehr zu absurd, selbst die Bettbezüge hebe ich an. In den hochgelegenen Fächern des Kleiderschranks finde ich nur alte Hüte.

Fast gebe ich auf, da fallen mir noch zwei verstaubte Plastiktüten auf dem Büroschrank ins Auge. Ich klettere hoch, finde eine Tüte voll mit Alben, dazwischen ein gerahmtes Bild. Das alte Packpapier steckt samt Bindfaden neben dem alten Foto. Es sieht aus, als wollte das Bild jeden Augenblick wieder in seiner Hülle verschwinden. Wer hat es ausgepackt? Mein Herz zittert, endlich gefunden zu haben, wonach ich mich seit fast vierzig Jahren sehne: Vaters Bild. Ehe ich es wage, meine Freude zuzulassen, daß Vater mich von dem Foto immer noch genauso direkt anschaut wie damals, vergewissere ich mich, ob ich nicht irre: »Mutti, ist er das?« »Ja.« Sie bestätigt meinen neuen Reichtum: »Du kannst es haben.«

Das seiner Hülle entsprungene Bild ist der Fund meines Lebens. Er wird mir zugestanden, ich darf ihn mitnehmen. Für mich mußten immer alle Geschenke verpackt sein. Meine Mutter sträubte sich hartnäckig gegen diese zusätzliche Arbeit. Es war, als ob sie spürte, was dahinter schlummerte: daß mein Wunsch nach Papier und Band etwas anderes meinte – Vaters Bild.

»Ich wußte ja nicht, daß das mit dem Bild für dich so wichtig ist. Du hättest es ja sowieso irgendwann gefunden«, redet sie sich heraus und legt aus der Tüte noch ein paar kleine Fotos von ihm dazu. Sie hätte mich warten lassen bis nach ihrem Tod. Ehe ich das aussprechen kann, geht sie in die Offensive: »Du hast mich ja nicht gefragt«, sie ist nach wie vor überzeugt, daß ich sie alles hätte fragen können. »Mutti, was glaubst du, wie oft man diese Frage stellen kann, wenn man keine Antwort bekommt«, gebe ich zurück. »Weißt du nicht, wie du mich zurückgewiesen hast, als ich mit acht Jahren das Bild fand? Und wie wütend du warst, als ich zwölf war und mir jemand erzählte, daß ich zwei Brüder habe?« Meine Hände zeichnen den Berg, der sich vor meinen Fragen aufgetürmt hat. »Schließlich wußte ich ja, daß dich das verletzen würde. Und es wäre eigentlich an dir gewesen, mir das Bild von dir aus zu geben. Es ist für mich erniedrigend, daß ich deine Schränke durchwühlen muß.« Nein, sie habe wirklich geglaubt, ich hätte das Bild an mich genommen. Wahrscheinlich habe es eine der Putzfrauen auf den Schrank gepackt. Wichtig bleibt ihr, selbst schuldlos dazustehen.

Meine Mutter beschreibt noch, wie Vater in ihre Kellerwohnung im Stendelweg kam. Froh, daß er endlich da war, wollte sie mich ihm vorführen. Vater hatte ein Geschenk mitgebracht. Sie war zu erfüllt von allem, was sie ihm sagen mußte, sprach über mich, machte sein Geschenk nicht sofort auf. Vater war beleidigt. Er nahm sein Päckchen und ging. »Ich weiß bis heute nicht, was da drin war.« Sie lacht ihre Enttäuschung weg. Dreiundvierzig Jahre denkt sie an ihr nicht ausgepacktes Geschenk.

Ich suche mir aus dem Stapel ein paar Bilder von mir als Halbwüchsige heraus. Ich hatte meiner Mutter immer alle Bilder von mir überlassen, um ihr eine Freude zu machen. Deshalb besaß ich keine. Auf einem der Bilder, das keineswegs untypisch für mich damals war, erkennt sie mich nicht einmal. Abzüge von meinen Bildern möchte sie nicht zurückbekommen. Von Vaters Bild will sie eine Kopie haben. Ich bin sprachlos.

Die alte Akte

Abends im Bett des kleinen Gästezimmers nehme ich mir die vergilbte Akte vor. Vaters Briefe sind in deutscher Schrift. Ich kann selbst heute nur Teile entziffern, kein Wunder, wenn ich als Kind daran scheiterte. Ein Maschinengeschriebener ist dabei. Ein Satz nistet sich sofort in mir ein: Mutti hätte ihm in ihren Briefen schon viel früher von mir berichten sollen. Seine Nachfrage klingt zweifelnd: ob sie es wohl richtig mache, ihm so wenig über mich zu sagen? Aber er lenkt ein, besteht nicht auf dem Kontakt zu mir: »Vielleicht nähmen wir dann zu viel von dem alten mit in unser neues Leben.« Bis zu mir hat sein Interesse nicht gereicht. Außer meiner Mutter hätte nur er den Schritt machen können. Er war doch kein Kind.

Obwohl ich sein Zögern deutlich sehe, steht in mir eine uralte, nie entwickelte Wut gegen meine Mutter auf. Es war also gar nicht Vater, der keinen Kontakt zu mir wollte. Wäre ich zu ihm gefahren, dann hätte er mich nicht verleugnet. Meine Phantasien, mich unter einer Tarnkappe klein und unsichtbar zu machen, um ihm unerkannt zu begegnen, waren unnötig. Ich fühle mich betrogen. An Schlaf ist heute nicht zu denken.

Mutters wütender Satz vom Vorabend geht mir durch den Kopf: »Omi hat uns vor ihrem Tod gebeten, ihre Briefe ungelesen zu verbrennen. Und wir haben das getan. So kann man das nämlich auch machen«. Sie appelliert vergeblich. Sie mußte nie ihren Vater suchen. Es geht um mich. Ich könnte es mir nie verzeihen, die wenigen Zeugnisse des Umgangs zwischen meiner Mutter und dem Vater nicht zu kennen.

Obenauf in der Mappe liegt ein offizielles Dokument:
»Verfügung des Jugendamts in . . . .
1. Ausfertigung
Berlin . . . .
Beurkundungs-Reg. Nr. . . . .
Jahr 1946
Vor dem Beamten des Jugendamts . . . .
erschien geschäftsfähig der Oberregierungsrat a. D. . . . .
. . . . Wohnhaft in Potsdam, geboren am . . . .
in Berlin Lichterfelde, verheiratet, Wehrpaß des Wehrbezirkskommandos Potsdam, evgl. Religion, 2 Kinder.

Der Erschienene erklärte, nachdem er auf die Bedeutung der Anerkennung der Vaterschaft eines unehelichen Kindes gemäß § 1718 BGB hingewiesen worden war:
›Ich erkenne an, der Vater des von der Sekretärin Ilse Gentzen am 2. November 1945 geborenen Kindes namens Sibylle Gentzen zu sein und als solcher kraft Gesetzes verpflichtet zu sein, für das Kind den der Lebensstellung der Mutter entsprechenden Unterhalt zu gewähren . . . .
gez. . . . . , Stadtvormund.«

Vater hat mich zwei Monate nach der Geburt als seine Tochter anerkannt. Offenbar bestand trotz der schlechten Verkehrsverbindungen ein Kontakt zwischen beiden. Meine Mutter hatte nur geklagt, er habe sie nicht in der Klinik besucht. Aber selbst ihre Erwartung bezeugt doch, daß die Beziehung nicht beendet war.

Ich nehme mir die Briefdurchschläge meiner Mutter vor, bin plötzlich doch herrgottsfroh, daß sie so vieles aufhebt und sorgfältig registriert. Ein Brief stammt aus dem Februar 1947. Vater war damals in Hamburg, der Kontakt zu seiner alten Familie spärlich. Meine Mutter besaß eine Kontaktanschrift, über die sie Vater überall ausfindig machen konnte. Sie tat es nur in Notfällen: »Durch andere habe ich nichts über Dich erfahren. Deine Mutter schrieb mir nur, daß sie seit Oktober keine Nachricht mehr von Dir hätte und daß sie begreiflicherweise in Sorge wäre.«

Ihre eigenen Lebensumstände im kältesten Nachkriegswinter beschreibt sie so: »Dieser Winter war hier in Berlin sehr hart. Wir haben oft tagelang völlig ungeheizt gesessen, weil Beruf, Haushalt und Kind einem auch nicht immer die Zeit lassen, zweimal wöchentlich einen Baum zu fällen. Außerdem geht die Kraft bei dieser Art zu leben eines Tages auch zu Ende. Dazu kam, daß einer nach dem anderen in der Familie krank wurde. Als ich gar nicht mehr ein noch aus wußte, habe ich Sibylle weggegeben. Jetzt ist sie seit zehn Tagen weg und erholt sich langsam wieder. Sie war durch die Kälte und eine damit verbundene Magengeschichte derartig runtergekommen, daß sie gar nicht mehr stehen konnte, acht Tage lang das Essen verweigerte und nur noch ganz apathisch im Wagen saß. Jetzt in der Wärme lebt sie wieder auf, wird langsam wieder das alte lebhafte, muntere kleine Dingel. Auch hat sie jetzt wieder einen gottgesegneten Appetit, so daß ich glaube, daß sie es in acht Tagen wieder geschafft hat. Inzwischen wird nun tüchtig Holz geholt, neulich an einem Nachmittag sieben Bäume zu viert. Leider frißt unser Kanonenofen in vier Tagen einen großen Baum auf. Aber einmal muß diese Kälte ja auch aufhören. Dann gehen aber gleich wieder die Kartoffelsorgen los. Ja, viel Lebensmöglichkeiten läßt man uns in Deutschland nicht mehr.«

Aus dieser frühen Zeit begleiten mich nur wenige Bilder. Meine Angst, weggegeben zu werden, gehört dazu. Viele der Erinnerungen haben mit Essen zu tun: ein einzelnes Blatt Spinat auf einer wässrigen Suppe. Ich soll davon essen und spucke ihn vom Kindersitz aus meiner Mutter ins Gesicht. Dann ein Ferienurlaub in Dobberahn, wir sitzen zu zweit auf einem Balkon in der Sonne. Meine Mutter hält eine hohe Zuckerbüchse mit beigem Aufkleber in der Hand. Sorgfältig achtet sie darauf, nichts zu verschütten. Ich bin gierig, der frische Schichtkäse lockt.

Zwei Jahre später, im Januar 1949. Über die Kontaktperson mußte sich meine Mutter die nächste Adresse besorgen. Im November 1947 war sie deswegen mit mir in Potsdam. Meine Großmutter dort war jedoch gestorben. Meine Mutter schrieb darüber voller Trauer: »Ich war auf ihren eigenen Wunsch die ganzen Jahre nicht mehr zu ihr gegangen, da sie, wie sie schrieb, den ständigen Erschütterungen in dieser Beziehung nicht mehr gewachsen war. Ob Du sie wohl noch zuletzt lebend gesehen hast? Sie wird Dir bestimmt sehr fehlen.« Wieviele Erschütterungen gab es? Ich weiß nur von dem Selbstmordversuch. Was ist dem vorausgegangen?

Als ich drei war, sprach sie erstmals die Unterhaltsfrage an: »Heute bin ich nun leider durch die Not der Zeit gezwungen, die zwischen uns schwebende finanzielle Frage anzuschneiden. Ich bin jetzt nicht mehr in der Lage, darauf zu verzichten, daß auch Du Deinen Anteil an dem Unterhalt des Kindes trägst. Nach der Währungsreform bin ich von Monat zu Monat mehr in Schulden geraten. Jetzt sehe ich als letzten Ausweg nur den Weg, daß ich die Gelder, die mir rechtlich zustehen, auch in Anspruch nehme. Ich möchte Dich daher bitten, mir ab 1. Januar regelmäßig die amtlich festgelegten 61 Mark zu schicken.« Sie will wissen, wie er sich zu den ausstehenden Zahlungen stellt.

Im selben Brief beschrieb sie meine frühe Kindheit: »Sibylle hat sich in jeder Beziehung gut entwickelt. Sie ist ein ganzer Sonnenschein und der Liebling der ganzen Umgegend. Besonders ihre geistige Entwicklung ist erstaunlich. So hat sie mir z. B. gestern (3 Jahre und 2 Monate) Schneewittchen von A–Z einwandfrei mit allen Nuancen erzählt. Das Sprachgenie scheint sie von Dir geerbt zu haben. Sie erzählt den ganzen Tag mit einer Vielseitigkeit, Nuancierung und Beobachtungsgabe, die bei einem so kleinen Kind verblüffend wirken.« Wie bezogen meine Mutter doch auf Vater war. Gerade, wenn sie mich beschrieb.

Da muß es mir als ganz kleinem Kind doch gut gegangen sein mit meiner Mutter. Allerdings werden in diesem Brief auch Erziehungsvorstellungen deutlich, mit denen ich später zu kämpfen hatte: »Ich muß bei ihr direkt jede geistige Anregung vermeiden, um ihre gesundheitliche Entwicklung durch eine zu rasche Förderung des Geistes nicht zu gefährden, da sie kolossal sensibel und aufnahmebereit ist. Im übrigen ist sie ein entzückendes, fröhliches und phantasiebegabtes Kind, das wirklich mein ganzes Glück ist. Ich lege Dir gleichzeitig einige Bilder bei, damit Du Dir Deine Tochter ungefähr vorstellen kannst.« Warum durfte ich keine von meinem Vater haben? Damals gab es doch noch keinen Stiefvater.

Ihre Lebenssituation hat sich nicht verbessert. »Daß die Lage für uns hier in Westberlin nicht gerade rosig ist ohne Kohlen, Licht und Kartoffeln, wirst Du den Zeitungsberichten auch entnommen haben. Aber am meisten macht uns wirtschaftlich die zweierlei Währung kaputt. Es gibt viele Sachen, die es auf Zuteilung nur auf Westgeld gibt, und die man daher einfach nicht nehmen kann. Das Schlimmste in dieser Frage ist die Beleuchtungsangelegenheit, da wir ab vier Uhr im Dustern sitzen müssen. Es geht aufs Gemüt und das nicht vorhandene Westgeld.« Ich erinnere eine Fahrt zu einem Dorf in der Nähe Berlins. Damals nahm meine Mutter mich schon mit. Schon von Ferne hörten wir die Hunde kläffen, in der Halbdämmerung waren sie nicht angebunden, stürzten auf uns los. Wir rannten, so schnell wir konnten.

Eine Wiederaufnahme der Beziehung schien sie nicht mehr zu erwägen: »Wir haben durch die vielen Jahre der Trennung vielleicht den nötigen Abstand gewonnen, der es uns ermöglicht, wieder eine Basis zu finden, auf der wir miteinander sprechen können.«

Ein Jahr später der nächste Brief. Im November 1949 muß es ein Treffen zwischen den beiden in Hannover gegeben haben. Meine Mutter ist enttäuscht, daß Vater sich danach wieder nicht gemeldet hat. Sie wirkt gekränkt, daß sie wohl doch erst jetzt die Trennung als endgültig ansieht. »Es hat in mir die schmerzliche Erkenntnis reifen lassen, daß mein Eindruck, den ich Dir über unser Zusammensein in meinem Weihnachtsbrief wiedergab, auf völlig falschen Voraussetzungen beruhte. Ich hatte geglaubt, daß das Einverständnis und die Harmonie bei unserem letzten Zusammensein wirklich echt gewesen war, und habe nun erkennen müssen, daß alles lediglich ein Erinnern an gemeinsam verlebte, schöne Zeiten gewesen ist.« Sie schimpft heftig: »Man sollte von einem Mann von Ehrgefühl und von Verantwortung erwarten können, daß er für seine Handlungen auch eintritt. Wenn ein Mann die Mutter seines Kindes nach vier Jahren zum erstenmal wiedersieht, so kann man von ihm erwarten, daß er sie auch als Mutter seines Kindes betrachtet und nicht wie eine alte Liebe, mit der man wieder einen netten Abend verlebt. Mir ist aus Deinem Verhalten erst jetzt richtig klar geworden, daß Du in mir nicht nur die Mutter Deines Kindes, sondern auch mich als Frau zutiefst beleidigt hast. Es wäre mir jetzt nicht mehr möglich, innerlich einen Weg zu Dir zu finden. Deine völlige Uninteressiertheit an Sibylle und Deine Gleichgültigkeit an ihrem Wohlergehen kommt besonders kraß darin zum Ausdruck, daß Du bisher noch nicht ein einziges Mal, sei es zu Geburtstagen oder zum Weihnachtsfest, Deinem Kinde auch nur die geringste Aufmerksamkeit hast zuteil werden lassen. Man kann doch nicht ein Kind bewußt in die Welt setzen und es dann ein Leben lang auch vor sich selbst negieren!« Sie hat damals um das gekämpft, worum ich heute bei meiner Vatersuche ringe. Nur meine eigene Auseinandersetzung konnte sie damit nicht bewältigen.

Leicht war es für meine Mutter sicher nicht, mich allein zur Welt zu bringen. Darüber beklagt sie sich auch: »Du wirst Dir darüber klar sein, daß Du bei den geltenden moralischen Anschauungen durch das Vorhandensein eines unehelichen Kindes nicht nur mich, sondern auch Sibylle in den Augen der Gesellschaft desavouiert hast. Du selbst aber hast nicht den Mut, die Existenz eines unehelichen Kindes vor den Behörden zuzugeben, weil Du Deinen scheinbaren Ruf nach außen hin rein halten willst. Diese Deine Einstellung ist mir unverständlich und eines Mannes von Charakter nicht würdig. Du wirst von mir nicht länger erwarten können, daß ich auf diese Einstellung in Zukunft Rücksicht nehme. Mir scheint, wenn man ein Kind in die Welt setzt und nicht geneigt ist, die Sorge in geistiger, seelischer und erzieherischer Hinsicht zu übernehmen, daß man allermindestens die Summe für das Kind regelmäßig aufzubringen hat, zu der man gesetzlich verpflichtet ist. Wenn Deine Schulden an Sibylle jetzt die Höhe von 1400 Mark fast erreicht haben, dann ist das eine so ungeheuerliche Tatsache, die einfach nicht zu verstehen, geschweige denn bei Deinem Rang, Stand und Einkommen auch nur im geringsten zu verantworten ist. Wie Du mir selbst gesagt hast, ließe sich der Betrag für Sibylle steuerlich von Deinem Gehalt absetzen. Da Du das aber nicht wolltest, müßte das eben so ›verkraftet‹ werden. Du wirst es mir nun nicht weiter verübeln, wenn ich mich dagegen verwehre, wenn nicht Du, sondern wieder einmal ich alles ›verkraften‹ muß.«

Sie versucht, die Geldfrage ein für alle Mal aus der Welt zu schaffen: »Du wirst Dir vorstellen können, daß es mir äußerst peinlich und sehr, sehr unangenehm ist, regelmäßig Briefe an Dich zu schreiben, in denen ich Dich um Geld bitten muß. Ich hätte es nie für möglich gehalten, daß Du mich in solch eine peinvolle Situation bringen könntest. Du weißt genau, nicht ich habe zu bitten, sondern Sibylle hat zu fordern. Und da ich als ihr Vormund auch ihr Wortführer sein muß, sehe ich eine Kette von nunmehr noch vierzehn Jahren vor mir, in denen ich regelmäßig alle Monate diese meinem Empfinden nach erniedrigenden und demütigenden Briefe schreiben muß. Das ist für mich eine seelische Belastung, der ich nicht gewachsen bin, und deshalb schreibe ich heute so ausführlich über diesen Punkt. Es wird mein letzter Brief in dieser Angelegenheit sein.«

Eine Aufstellung seiner Schulden liegt heute noch dabei. Erstmals drohte meine Mutter mit behördlichen Maßnahmen: »Falls Du die von mir vorgeschlagene Regelung nicht einhältst, würdest Du mich nunmehr dazu zwingen, meine Vormundschaft wieder aufzugeben und sie jemand anderem zu übertragen, der Sibylles Interessen besser zu wahren versteht als ich. Ich glaube, ich brauche Dich nicht darüber aufzuklären, daß Kinder eine Verpflichtung sind. Die große Schuld, die Du vor dem Kinde und seiner Entwicklung in der Zukunft trägst, bleibt immer bestehen, und von der wird Dich auch Dein Gewissen nie freisprechen können.« Es tue ihr leid, solch einen Brief schreiben zu müssen. Wäre ein Gespräch darüber möglich gewesen, wäre manche Härte unnötig gewesen, fügte sie hinzu.

Auf mich wirken diese Zeilen, als ob ich als Waffe im Trennungskampf eingesetzt werde. Meine Mutter hatte doch das Treffen zunächst als harmonisch erlebt. Hatte sie wieder Hoffnungen geschöpft, und schlug sie nun aus Enttäuschung zurück? Sie hat den Anwalt tatsächlich bald eingeschaltet. In der Akte folgt ihre Korrespondenz mit dem Jugendamt, dem Anwalt, sowie mehrere Beschlüsse seitens des Amtsgerichts Charlottenburg, wie die ausstehende Schuldsumme nach der Währungsreform in die neue DM-West umzurechnen sei. 1951 teilt sie dem Jugendamt mit, daß die Überweisungen »durch den Kindesvater jetzt regelmäßig erfolgen«. Ihre Ehre stellt sie anders wieder her: 1953 erhielt sie auf Antrag die Erlaubnis, anstelle des üblichen »Fräulein« die Anrede »Frau« zu führen.

Der nächste Brief an Vater stammt aus dem Jahre 1958. Meine Mutter war längst verheiratet, wir lebten in der Heerstraßenvilla. Meine Großmutter ist gestorben. Meine Mutter berichtete Vater: »Sie ist jetzt ein großes Mädchen von 12½ Jahren und doch schon sehr vernünftig. Ostern hat sie die Schule gewechselt und ist jetzt in der 7. Klasse Wissenschaftlicher Zweig. Der Übergang wird ihr sicherlich noch Schwierigkeiten bereiten. In der alten Schule gehörte sie zu den Besten, in dieser Schule merkt sie nun endlich, was arbeiten heißt. Da es ihr keineswegs an Intellekt fehlt, halte ich es für gut, daß sie sich jetzt mal auf den Hosenboden setzen muß. Vokabeln lernen und Schuldisziplin ist uns schließlich auch nicht erspart geblieben.«

Man könne Kindern keinen größeren Gefallen tun, als sie stramm ranzunehmen, schreibt sie, nun bereits unter dem Einfluß meines Stiefvaters. Ich hätte »jetzt aber begriffen, daß aus dem Spiel auch einmal Ernst wird«. Sie hob hervor, daß »jetzt auch die Essensschwierigkeiten überwunden sind, mit denen ich bis zu ihrem 8. Jahr zu kämpfen hatte. Sie ißt jetzt wie ein normales Kind, ist dabei schlank und drahtig und eine gute Sportlerin«. Nur ihrem Weiblichkeitsideal entspreche ich nach wie vor nicht: »Jetzt fängt sie hoffentlich bald an, ein Mädchen zu werden. Bisher lief sie in Haus, Garten und Schule möglichst nur in Hosen herum, und kein Baum, kein Laternenpfahl war vor ihr sicher. Seit sie nun in der neuen Schule ist, fängt sie an, auf ihr Äußeres mehr Wert zu legen, was ihr bisher zu meinem Entsetzen völlig gleichgültig war.«

Mein Verhältnis zum Stiefvater sei »ausgesprochen gut, wenn er sie auch strammer rannimmt, als er von mir behauptet, daß ich es täte. Bei unserer Eheschließung haben wir ihren Namen umändern lassen, um zu verhindern, daß frühzeitig dumme Fragen an sie gerichtet werden, die bei ihrer sensiblen Art starke seelische Störungen hervorrufen könnten.« Obwohl ich den Namen so früh gewechselt habe, ist mir mein Kindheitsname manchmal noch vertrauter als der angenommene.

»Die Frage nach ihrem richtigen Vater ist leider schon sehr frühzeitig aufgetaucht. Bisher habe ich es immer in der Form umschifft, daß ich ihr erklärte, ich möchte darüber nicht sprechen, ich würde es ihr erklären, wenn sie erwachsen wäre. So ist jedes Jahr, in dem die Frage unbeantwortet bleibt, ein Gewinn. Und da sie jedesmal von mir die gleiche Antwort bekommt, gibt sie es dann auch für eine Weile auf.« Für mich war jedes Jahr, in dem ich wieder keine Antwort bekam, ein Verlust. In ihrem Brief an meinen Vater wird deutlich, daß sie mich viel weniger wahrnahm als früher: Ein Bild könne sie ihm nicht schicken, teilt sie meinem Vater mit, »da ich lange keine Aufnahmen von ihr gemacht habe«. Während meiner Pubertät endete eine Tortur meiner Kinderzeit, die Dauerwellen, damit aber auch die Zuwendung meiner Mutter.

1959 berichtete sie: »Sibylle geht es gut. In der Schule macht sie sich ausgezeichnet, sie hat Ostern ein blendendes Versetzungszeugnis in die 8. Klasse mitgebracht. Körperlich entwikkelt sie sich jetzt gut, ich stehe immer nur staunend davor, was aus meinem Spatzen geworden ist. Langsam fängt sie auch an, ein ›junges Mädchen‹ zu werden, was mich sehr beruhigt. Ihr Hauptinteresse gilt dem Lesen, was mich im Grunde freut, aber insofern etwas beunruhigt, als es über das Normale hinausgeht. Mir persönlich geht es auch gut, abgesehen davon, daß ich nie Urlaub machen kann, weil der Lesezirkel einen täglich ans Geschäft bindet.« Meine Mutter führte jetzt den Betrieb wieder allein. »Wegen der enormen Rückläufigkeit aller Lesezirkel ist mein Mann jetzt aus dem Geschäft ausgestiegen und baut sich bei Wüstenrot eine neue Existenz auf. Wir hoffen, daß wir spätestens in zwei Jahren den Lesezirkel verkaufen können.«

Erstmals erkundigte sie sich nach meinen Brüdern. »Deine Jungen müssen ja jetzt auch schon mit dem Abitur fertig sein! Welchen Weg wollen sie gehen? Sibylle hat im übrigen auf Umwegen schon herausbekommen, daß sie ja eigentlich zwei Brüder haben müßte. Mir hat das gar nicht gepaßt.« Damals hatte ich längst aufgegeben, von ihr etwas zu erfahren. Mich erstaunt, daß sie es bemerkte, denn sie schrieb damals: »Mich fragt sie jetzt nicht mehr nach ihrem Vater, aber sie läßt keine Gelegenheit ungenutzt, um in unserem Bekanntenkreis die Frage nach ihrem Vater zu klären. Als Omi starb, wich sie mir bei der Auflösung des Haushalts nicht von der Seite, weil sie wußte, daß bei Omi ein Bild von Dir liegen mußte. So zum Beispiel wendet sie sich an meine Schwester: ›Wenn du das Bild von meinem Vater findest, zeigst du es mir aber!‹ Sie stellt die raffiniertesten Fragen an Gott und die Welt, die aber immer völlig harmlos klingen. So baut sie sich im Mosaik Steinchen um Steinchen zusammen. Ja, langsam aber sicher kommen die Probleme auf, und jeder hat das seine zu zahlen. Die Vergangenheit ist halt nie auszulöschen.« Kein Wunder, daß ich schließlich Journalistin geworden bin, wenn ich in meiner Kindheit bereits so umfassend recherchieren mußte.

Morgens nehme ich nach der Lektüre der Briefe das Gespräch über Vater nicht wieder auf. Die Wut, von der ich gehofft hatte, daß sie verschwände, sobald ich nur das Bild hätte, ist neu aufgebrochen. Zwar ist auch Mitleid mit meiner Mutter da, aber das klärt meine Gefühle nicht, sondern bremst sie nur. Wir reden beim Frühstück über alles mögliche. Ich erzähle ihr über meine beruflichen Hoffnungen. Sie kommt auf ihr Lieblingsthema Geld. »Laß uns doch nicht immer über Geld reden«, stöhne ich. Ungerührt erklärt sie mir Steuerurteile und neue Spargesetze. »Geld ist doch wichtig«, beharrt sie. Die Idee, ihre Enterbungsdrohung zurückzunehmen, kommt ihr nicht.

Als ich wieder in Bonn bin, rufe ich trotz allem bei ihr an. Ihre

Stimme klingt entspannter, doch das täuscht. »Was machst du jetzt mit dem Bild«, stichelt sie. »Himmelst du es an, oder bist du wütend darauf?« Mir verschlägt es den Atem. »Was ist denn das für eine Alternative?« Hat sie mich vom Vater ferngehalten, weil sie eifersüchtig war? Hatte sie Angst, mich an ihn zu verlieren?

Zorn

Nachts überfällt mich der Zorn von neuem. Mein Körper wird heiß und ist voller Spannung. Plötzlich sind alle Gefühle im Fluß, die in mir stockten. Die Zornesglut schmilzt mein Eis, läßt etwas in mir frei werden. Immer war ich sicher: Das Risiko, meine Mutter zu verlieren, kann ich nicht eingehen. Sie ist meine einzige Bezugsperson. Diese Bindung wurde zur Erkenntnissperre, über die ich nicht hinwegkam. Die Wut spült die Lähmung weg.

Kaum versiegt die Wut, sind wie ein Spuk Angst und Trauer wieder da. Sie hemmen mich, mein Mutterland zu verlassen, um das väterliche Neuland zu erspüren. Diesmal habe ich Furcht davor, was mich in Vaters Briefen erwartet. Allein gelingt es mir nicht, seine Briefe zu entziffern. Meine Liebe schlägt vor, uns gemeinsam darüber herzumachen. Nein, lieber soll sie die für mich dolmetschen, dann bin ich nicht allein für den Geheimnisbruch verantwortlich.

Während sie sich daranmacht, klebe ich die Fotos, die ich aus Berlin mitgebracht habe, in Alben, forsche in meinen Erinnerungen nach der kleinen Sibylle. Sobald ich mich mit mir beschäftige, fühle ich mich innerlich ausgeglichen. Zuwendung, wird mir klar, kann ich mir auch selbst geben. Ich muß nicht anklammern, weder an meine Mutter noch an meine Liebe. Meine innere Leere ist wie meine Trauer ein Signal: Da will etwas in mir entstehen. Nach jeder Depression bin ich einen Erkenntnisschritt weiter. Einer Freundin erkläre ich übermütig: »Langsam bin ich über jeden depressiven Tag froh.«

Meine Liebe betrachtet aufgeräumt meine Kindheitsbilder.

»Schade, daß ich dich damals nicht hatte«, sagt sie, die selber Mutter ist. »Du hast mich doch jetzt«, erwidere ich. Meinen inneren Einbruch datiert sie auf die Zeit um vierzehn oder fünfzehn. Bis dahin wirke ich offen. Sie entdeckt an mir als kleinem Mädchen denselben Blick, wie ihn mein Vater hatte: »Etwas ängstlich von unten nach oben«, beschreibt sie ihn. Selbst auf den kleinsten Fotos, sogar in Hut und Mantel, macht sie meinen Vater aus: »Da steht ja die kleine Sibylle«, weist sie auf ihn.

Das Entdecken eigener Gefühle beginnt holprig, ist keineswegs sanft. Seit ich den Zorn gegen meine Mutter gezeigt habe, kracht es überall. Jedes Kitten innerer Risse tut mir physisch weh. Ich fühle mich sofort eingesperrt. Ungelenk versuche ich, Grenzen zu setzen, wo ich mich mißachtet oder eingezwängt fühle. In der Frauengruppe spricht sich eine gegen »zu viel Psycho« aus, sogleich spüre ich die Ablehnung meiner Mutter, sich mit dem »Seelchen« zu beschäftigen. Wer sich im Moment so verhält wie sie, bekommt das Fett meines jahrzehntelangen Frusts übergebraten. Ich kann es nicht steuern. Es ist, als übte ich an mir fernstehenden Personen, wo ich mich im Nahen noch nicht wehren kann.

Seit der Auseinandersetzung mit meiner Mutter klammere ich weniger, das spürt auch meine Liebe. Plötzlich meldet sie sich von allein. Seit ich sie nicht mehr mit Fragen bedränge, ob sie mich lieb hat, bekomme ich so viele Liebeserklärungen wie nie zuvor. Trotz des Beziehungsstresses bei ihr zu Hause macht sie nicht mehr zu: »Du bist die einzige, die ich sehen möchte«. »Du hast mir schon so viel Platz freigeräumt«, freue ich mich. »Ja«, gibt sie zu, »plötzlich ist es da. Dann geht das auch. Aber ich kann es nicht übers Knie brechen.« Sie gewinnt ihre alte Zuversicht zurück: »Ich kann Niederlagen hinnehmen. Ohne das hätte ich nie siegen gelernt, wäre ich damals nie Tennislandesmeisterin geworden.« Ich, die Pechmarie, bin dagegen erst dabei, das Siegen zu lernen. Noch kann ich nicht sicher sein, daß ich im letzten Moment nicht doch alles zerstöre, um zum Bekannten zurückzukehren: den Platz für Niemand.

Brief der Großmutter

Der erste Brief, den ich gedolmetscht zurückbekomme, stammt von der Potsdamer Großmutter. Geschickt wurde er im Januar 1947, knapp zwei Jahre nachdem meine Mutter bei ihr ausgezogen war. In einem Neujahrsgruß antwortete sie in klaren, oben abgerundeten Buchstaben einem Brief meiner Mutter und wünscht ihr, »Klein Sibylle, Eltern und Geschwistern« alles Gute. Unversehens blühe ich auf. Wie sehr ich doch mitbedacht und einbezogen war.

Großmutter reagierte ratlos auf die Trennung. »Du kannst Dir wohl denken, wie Du mich kennst, daß ich mit meinem Verhalten Dir gegenüber sehr in Zwiespalt geraten bin, aber ich kann einfach nicht ins Klare kommen, wie es möglich wäre, mit Dir und der Frau meines Sohnes zugleich Verkehr zu pflegen, zumal es auch in seinem Wunsch zu liegen schien, daß seine Knaben bei mir aus- und eingehen. Ein Verkehr zwischen Dir und mir könnte also nicht geheim bleiben, weil alle Hausbewohner Dich kennen und Interesse für meinen Sohn haben, und darum muß ich Dich auch heute bitten, davon abzusehen, ich fühle mich solchem Zwiespalt einfach nicht gewachsen, danke Dir aber für Dein Bildchen von Sibylle und Deinen gestrigen Brief.« Ob sich meine Mutter verraten fühlte, als sie diese Zeilen las? Oder trafen solche Worte auf ihre Schuldgefühle?

Großmutter war selbst ohne Kontakt zu meinem Vater: »Von meinem Sohn, den wir in Hamburg wähnen, sind wir seit Oktober ohne Nachricht und in begreiflicher Sorge um ihn, ein paar Päckchen, die an die Kinder gekommen sind, lassen uns hoffen, daß er am Leben ist, vielleicht gibt es auch trotz meines Alters noch einmal ein Wiedersehen für mich mit ihm. Daß Sibylle gut gedeiht und Dein Lesezirkel gut vorwärts geht, war mir eine Freude zu hören, und ich wünsche, Du kannst Dir und Deinem Kinde trotz der schweren Zeiten eine glückliche Zukunft aufbauen.«

Über sich berichtet die Potsdamer Großmutter: »Mir geht es gesundheitlich leidlich, dank der treuen Pflege von meinen guten Mitbewohnern, die mit mir gemeinsamen Haushalt führen und für alles sorgen, außerdem haben wir noch eine Familie von vier Personen im Quartier, aber ich bin zufrieden, daß ich noch ein Zimmer meiner Wohnung behalten durfte. Eine Bekannte, die Sonntag unser Gast war, hat eine ganz gute Stellung als Sekretärin bei den Engländern. Sie ist glücklich, von ihrem Vater aus russischer Gefangenschaft jetzt endlich direkte Nachricht zu haben. Ihre Mutter und Schwester schreiben aus Dänemark, daß sie bald heimzukehren hoffen.« Mit einem Wunsch fürs neue Jahr, »Dir und Deinem Kinde«, unterzeichnete sie mit »Deine Mutter«. Ich bin angerührt von der nahen Anrede. Wenn Großmutter meine Mutter so mochte, warum hat sie dann nicht zu ihr gestanden – und zu mir?

Vaters Worte

Kurz nach seiner Mutter meldete sich der »Verschollene« selbst. Vater gab seinen Brief einem Kollegen mit, der mit britischer Travelorder nach Berlin fuhr. Er konnte nicht einschätzen, ob der Brief meine Mutter erreichen würde, ob sie noch in Ruhleben lebte. In jedem Fall sollte sie zu ihrem Geburtstag seinen Gruß haben: »Nach mehr als einem Jahr will ich Dir ein Lebenszeichen von mir senden, um Dir mitzuteilen, daß ich seit einiger Zeit in Hamburg tätig bin. Es geht mir nach einer reichlich schwierigen Zeit einigermaßen gut. Ich darf hoffen, daß Du auch die letzte Zeit gut überstanden hast.«

Vaters Zukunft schien ungewiß: »Ich weiß nicht, ob ich noch lange in Hamburg verbleibe, und glaube, daß ich unter Umständen zum 12. April Hamburg wieder verlasse. Sowie ich von Dir Klarheit darüber habe, ob Deine derzeitige Anschrift noch zutrifft, darf ich mit Dir weiter wegen der finanziellen Regelung in Verbindung treten, die wir miteinander haben.« Vater sprach die Geldfrage von sich aus an, wundere ich mich. Die Zahlungsverpflichtung hatte er schließlich ja auch mit der Vaterschaftsanerkennung unterzeichnet. Warum ist das zum Konflikt geworden?

Auch er bezog mich in seine Wünsche ein, als er schrieb: »Ich darf Dir und Sibylle alles Gute auch für die nächste Zeit wünschen und hoffen, daß Ihr weder in der letzten Zeit noch jetzt größeren Schwierigkeiten ausgesetzt seid.«

Am zweiten Brief scheitere ich. Als bliebe mir die Trauer wie ein Kloß im Halse stecken, sitze ich wieder einmal hilflos vor Vaters Sütterlin-Schrift, die während der vierzig Jahre fast unlesbar verlaufen ist. Kaum schneller als eine Schnecke beginne ich, mir die ersten authentischen Worte meines Vaters zu erschließen. Es mißlingt. Nach Tagen vergeblicher Mühe suche ich erneut Hilfe, nachdem meine Liebe das Dolmetschen aufgegeben hat. Die einzige, der ich im Moment alles sagen kann, ist meine Therapeutin. Sie willigt ein, mir zu helfen, macht sich zusammen mit ihrem Mann ans »Übersetzen«. Nach einigen Tagen bekomme ich die Briefe wieder. Teile, die nicht vollständig zu deuten waren, ergänze ich mir inhaltlich. Es ist wie ein Puzzle, das in die Tiefe geht. Mit jedem Stein wird eine verborgene Schicht deutlicher.

Nach dem Maschinenbrief herrschte für zwei Jahre Schreibstille. Vater meldete sich wieder aus Hannover. »Heute erhalte ich Deinen Brief vom 7.1.49, für den ich Dir recht herzlich danke. Du kannst Dir wahrscheinlich nicht vorstellen, wie sehr ich mich über diesen Brief und die Art Deiner Ausführungen gefreut habe, denn ich bin – das wirst Du verstehen – sehr froh, daß wir in die Lage kommen, die zwischen uns schwebenden Fragen ruhig und sachlich zu erörtern.« Konnten sie, nach allem was geschehen war, endlich wieder miteinander sprechen? Briefe muß es schon vorher gegeben haben, auf die sich Vater bezog: »Ich wäre froh und glücklich darüber, mit Dir einmal offen sprechen zu können. Du hast in Deinem Brief für mich so viel Schönes und Frohes zwischen den Zeilen und in den Mitteilungen über Sibylle geschrieben, daß ich es wage, an Dich ebenso zu schreiben.« Ihre Worte klängen nun anders als in »unseren ersten Briefen, was mich veranlaßte, vorerst zu schweigen«.

Wie sehr er sich freute, etwas über mich zu erfahren! Ich spüre seiner entfernten, unerreichbaren und nie mehr erfahrbaren Liebe nach, meiner Sehn-Sucht. Nur im Unerfüllten vermag ich mich zu spüren, kann Zuneigung Liebe nennen, meine Liebe. So lebte Vater in meinen Beziehungen fort.

Neu-gierig knie ich mich in Vaters Leben: »Du wirst über mein Leben hier wenig wissen und erfahren haben: Ich habe sehr abenteuerliche Zeiten hinter mir und bin in zäher, ruheloser Arbeit aufgegangen, die Rückschläge, die ich erlebt habe, sind furchtbar gewesen, aber ich halte eben die Dinge in der Waage und hoffe, daß ich Dir mit diesem Brief auch befriedigende Ausführungen mitteile. Ich muß Dir meine Lage ebenso offen darstellen, wie Du es getan hast. Ich habe hier leider in letzter Zeit erhebliche Verpflichtungen übernehmen müssen, weil meine Frau und die Kinder aus Potsdam weg mußten. Ich mußte, weil ich auch den letzten Bitten meiner Mutter an mich entsprechen mußte, hier in kürzester Zeit einige Maßnahmen für meine Frau und die Kinder treffen, die ich recht notdürftig in einer anderen Stadt untergebracht habe. Ich bin damit leider finanziell nicht fertig, sonst könnte ich Dir etwas anders entgegenkommen. Ich habe deswegen die dringende Bitte an Dich: Schreib mir offen den Betrag, den Du dringend brauchst, ich werde es fertigbringen, auch das noch zu regeln, ich will auf keinen Fall das Gefühl bei Dir bewirken, daß Du in irgendeinem Punkte von mir anders behandelt wirst. Ich kann mir bestimmt die erste Summe von fünfhundert Mark verschaffen und Dir überweisen. Wegen der weiteren Rückstände mache ich Dir alsbald einen weiteren Vorschlag.«

Ich stutze. Meine Mutter sollte sich im Beziehungsdreieck so behandelt fühlen wie seine Ehefrau, aber begründen, warum sie das Geld so dringend benötige. Dabei machte Vater ihr noch ein schlechtes Gewissen – er müsse sich das Geld borgen – und verkündete zudem, daß er alles Geld für seine Familie benötige. Wenn mir das mit meiner Liebe passierte, ich würde toben vor Wut und Ausgeliefertsein. Ein Teil seines Briefes hätte allerdings in mir auch die Hoffnung auf einen Neubeginn genährt: Vater bot seine Hilfe an: »Willst Du in Berlin bleiben? Kann ich Dir hier irgendwie helfen, und kannst Du nicht zu einer Aussprache zwischen uns hierher kommen? Ich habe große Pläne und kann Dir darüber mündlich viel mehr sagen als schriftlich. Geht es vielleicht nicht doch, daß wir uns sehen?« Er wolle gutmachen, was er meiner Mutter angetan habe. »Ich kann und will mich nicht entschuldigen, aber ich hoffe, daß ich eines Tages Dir gegenübertreten und sagen kann, daß ich es auf meine Art doch geschafft habe, mich aus all den engen Verhältnissen, die uns alle bedrängen, herauszubringen und Dir und Sibylle einen anderen Weg im Leben zu bieten. Du hast an mich vor allem den Anspruch auf viel Dankbarkeit, und der Sinn dieser Zeilen ist, Dir diese Dankbarkeit zu beweisen. Daß ich es auch finanziell sein will, sollen Dir die nächsten Wochen erweisen.« Selbstverständlich wolle er die notwendigen Beträge in mehreren Raten abzahlen, danach monatlich »wesentlich mehr als fünfzig Mark« schicken: »Ich habe Befürchtungen, daß es Dir jetzt sehr schlecht geht, wenn es also nötig ist, werde ich versuchen, Dir fünfhundert Mark in einer Summe zu zahlen. Bitte schreibe mir Näheres über Deine Lage, ich fühle mich so sehr in Deiner Schuld, daß ich gern alles versuchen will, Dir zu helfen.«

Worte allein reichen nicht aus, um verlorenes Vertrauen wiederherzustellen. Seine klangen ängstlich, fast bittend: »Du glaubst mir wahrscheinlich heute weniger als früher, und ich habe Dich zu sehr enttäuscht, als daß ich von Dir Glauben und Vertrauen erwarten dürfte. Aber glaube mir doch das Eine wenigstens, wie sehr ich mich über Deine Zeilen gefreut habe.«

Er kam auf das Leben zurück, das er in den vergangenen Jahren geführt hat: »Das ist kurz gesagt. Ich bin monatelang ohne Geld, Wohnung und Lebensmittelkarten herumgeirrt, bis ich in Hamburg zum erstenmal durch Verbindungen Unterschlupf in einem Amt fand. Das ging nicht lange gut, weil ich zu sehr auffiel und bei der Tätigkeit, die ich hatte, politisch nicht tragbar erschien. Was ich damals ausgehalten habe, war mehr als toll. Ich steuerte praktisch den größten Teil der Ernährungswirtschaft und kämpfte gleichzeitig um meine Existenz. Ich habe mich dann ›planmäßig‹ aus der Verantwortung ›abgesetzt‹ und bin nach Hannover ausgewichen. Hier war eine ruhigere Luft, aber weniger befriedigende Arbeit. Seit anderthalb Jahren habe ich hier etwas vegetiert. Wohnungssorgen, das heißt, ich bin ein ›möblierter Herr‹ und habe, um das zu werden, ein Jahr gebraucht, und zur Zeit auch uninteressante Arbeit, Neid und Mißgunst. Schön war es nicht, ist es nicht und wird es wohl auch nicht. Jetzt tauchen bei mir Hoffnungsschimmer am Horizont auf. Ich würde gern in die Wirtschaft und stehe vor dem Absprung. Ich hoffe, es in diesem Jahr zu schaffen.« Auf seine wirtschaftlichen Kontakte berief sich Vater nicht ohne Eitelkeit: »Immerhin bin ich zu einer recht bekannten Figur in vielen interessanten Kreisen geworden, aber der Aufbau, den ich vorhatte, ist nicht abgeschlossen.«

Vater rechtfertigte, daß er seine Familie nachgeholt hat: »Dann kam der Tod meiner Mutter. Die gräßliche Nachricht aus Potsdam. Die letzte Bitte meiner Mutter an mich ist, beide Jungen dem Einfluß meiner Schwiegermutter zu entziehen und der unendlichen Not in der russischen Zone, die auf die Jungens zurückwirken mußte. Wenn der Älteste den Anschluß hier finden sollte, müßte er jetzt herüber. Der Kampf um diese Dinge war greulich, bis ich mich endlich durchsetzte. Das ist der jetzige Stand. Meine Frau und die Kinder leben, von mir getrennt, etwas notdürftig in der britischen Zone.« Seine Gefühle, außer der Auseinandersetzung mit seiner Frau, die eigentlich in Potsdam bleiben wollte, spüre ich nicht, als er über diese Entscheidung berichtet. Er schob die Verantwortung für die Familienzusammenführung seiner Mutter zu. Aber jedem Satz, in dem Vater von seiner Familie schrieb, folgte einer, in dem er meine Mutter beschwichtigte, auch ihr etwas versprach: »Ich will gern für Dich auch etwas unternehmen, glaube aber, wir sollten einige Wochen warten, weil ich mit erheblichen Erleichterungen im Verkehr mit West-Berlin rechne. Deswegen hätte ich Dich gern persönlich gesprochen, denn leicht ist alles hier nicht. Unsere gemeinsamen Bekannten habe ich fast alle wieder getroffen. Es wäre viel davon zu berichten. Wir helfen uns hier gegenseitig viel durch, aber es wäre schön, mit Dir gemeinsam von den guten und glücklicheren Tagen sprechen zu können.«

Er versprach, ohne sich festzulegen. Die Gemeinsamkeiten lagen in der Vergangenheit, hatten keine Option auf die Zukunft. Doch diese Struktur seines Ausweichens fällt mir erst spät auf. Zunächst nehme ich jedes Versprechen für wahr, leide jede seiner Krankheiten durch, zürne über die Vorwürfe meiner Mutter, die eine Versöhnung auszuschließen schienen, mache sie dafür verantwortlich. Am liebsten würde ich noch heute beide vereinen. Schließlich prüfe ich den Wahrheitsgehalt dessen, was ich von meiner Mutter erfahren habe, um ihren Betrug an mir zu belegen. Sie sprach von dem getrennten Freundeskreis, er von den gemeinsamen Freunden. Erst Wochen später hat in meiner Seele auch ein Nebensatz meiner Mutter Raum. Der besagte, daß sie oft Gäste hatten.

Vorsichtig prüfe ich jeden Satz, der sich auf mich bezieht. Gleichgültig konnte ich Vater nicht gewesen sein. Er erwähnte mich in jedem Brief. »Ich habe mit der größten Freude aus Deinen Briefen die Nachrichten über Sibylle entnommen. Zwei Dinge sind für mich so schön, daß Du über sie so glücklich bist und daß Du auch einiges Gute von mir an ihr siehst. Meine ganze Hoffnung für Dich ist, daß Dir dieses Glück erhalten bleibt und von Jahr zu Jahr sich steigert.« Ich muß solche Sätze immer wieder lesen. Wieviel Liebe schwingt da mit, welch eine Fähigkeit zur Zuwendung. Die hätte ich gern gehabt. Wieder muß ich hart um die Erkenntnis ringen, sie mir von Satz zu Satz, Tag für Tag, wiederholen, bis mir auch gefühlsmäßig klar wird, daß er tatsächlich keine Anstalten gemacht hat, an diesem Glück teilzuhaben. Zweifel und Mißtrauen schlagen dann sofort ihre scharfen Zähne in mein Inneres, nagen an meiner Selbstliebe: Erwähnte Vater mich nur, weil er wußte, daß er meine Mutter sonst nicht erreicht hätte? Nein, diese selbstquälerische Erklärung halte ich nicht aus, in mir siegt stets das positive Vatergefühl. Vater klang so wie seine Mutter, warm und – anders als viele Männer seiner Generation – sehr wenig hart. Manchmal hörte er sich richtig überschwänglich an. Zum Beispiel, wenn er ihr schrieb: »Ich glaube, das ist der längste Brief meines Lebens. Er soll Dir das Gefühl vermitteln, daß ich an Dich mit allem Vertrauen und aller Dankbarkeit denke und alles tun werde, um meine Schuld an Dir gutzumachen.«

Die Zeit nach 1945 ist nicht spurlos an Vater vorübergegangen. Er sah sich so: »Wir haben uns sicher sehr verändert – ich zumindest. Vielleicht nicht zum Besseren. Ich bin – glaube ich – härter und einsamer geworden, glücklich bestimmt nicht, aber wir leben in einer Welt des Unglücks, des Leids und der Enttäuschungen. Du merkst, wie schwer ich mit den kleinen Dingen im Alltag fertig werde. Heute geht mir das wie früher. Ich bin recht unzufrieden mit mir. Aber vielleicht kommt der Erfolg, von dem ich heimlich immer noch träume, auch einmal zu denen, die mit Phantasie und etwas Erfindungsgabe begabt sind. Ich hoffe sehr, daß auch Du mir glaubst, wenn ich sage, daß ich noch immer wieder beruflich Erfolg habe, und danke Dir immer wieder für ein Wort zu den trübsten Stunden meines Lebens, daß ich noch eine Aufgabe hätte.« Die wäre beider Versöhnung, die Sorge für mich gewesen. Vater sprach es nicht aus, schloß aber mit dem Wunsch: »Laß uns jetzt gutzumachen versuchen, was zwischen uns lag.«

Vor Vaters folgendem Brief gab es zwei meiner Mutter, die sie nicht aufgehoben hat. Sie muß später alle »hoffnungsfrohen Zeilen«, wie Vater sie nannte, vernichtet oder aber spontan, ohne Kopien, geschrieben haben. Vater entschuldigte sich im Mai 1949, daß er ihre Nachricht »erst vorgestern« erhalten habe, er klang distanziert: »Die Zusammenhänge, die zu dieser Verzögerung geführt haben, sind etwas betrüblich für mich, denn ich war recht ernsthaft krank. Daß mein Leben immer in einer übermäßigen Arbeitsanspannung verlaufen war, ist mir seit langem schon recht nachteilig bewußt gewesen, um so unerfreulicher war für mich daher die letzte Auswirkung. Nach einer kleinen, immer mehr verschleppten Grippe steigerten sich bei mir Herzbeschwerden, Fieberanfälle, Erschöpfung usw. bis zur völligen Arbeitsunfähigkeit. Ich mußte plötzlich mehrere Wochen aussetzen und hoffe noch, anschließend drei Wochen Sonderurlaub zu erhalten. Ärztliche Diagnose: Herzmuskelschwäche, Erkrankung der Herzkranzgefäße infolge Überanstrengung. Zu allem kommt, daß man mich halb auskuriert zurückholte, daß ich meine Arbeit und zusätzliche Dinge wieder aufnehmen mußte, weil es nicht anders ging. Ich bin auch jetzt trotz Spritzen und Tropfen ein halbes Wrack und hoffe, mich etwas ausruhen zu können, sobald dieser neue Ansturm an Arbeit vorbei ist.«

Offenbar hatte meine Mutter ihm Vorwürfe gemacht. Vater erklärte etwas ungeduldig: »Ich hatte, als ich fünf Wochen aus Hannover wegging, leider versäumt, mir meine Privatpost nachsenden zu lassen, war aber damals so fertig, daß ich überhaupt an nichts mehr dachte. Also, meine Liebe, es war nicht das Fehlen einer gemeinsamen Basis, sondern mehr eine äußerliche Angelegenheit, die aber meine Nachlässigkeit nicht entschuldigen soll.« Den gemeinsamen Urlaub, um den er kurz zuvor noch gebuhlt hatte, sagte er im gleichen Atemzug ab: »Ich möchte Dich sehr, sehr gern sprechen, Du mußt indessen verstehen, daß ich im Augenblick mit Rücksicht auf Arzt, Gesundheit usw. keine Urlaubspläne machen kann.« Im Vordergrund stand letztendlich aber seine Karriere: »Dazu kommt folgendes: Ich bin seit einiger Zeit in Hannover. Ich will hier wieder weg, weil mir das Arbeiten in diesen kleinen Verhältnissen nicht behagt. Ich könnte vielleicht mich um die Bundesministerien bemühen, denn ich habe ja inzwischen meine All-round-Erfahrungen erweitert, aber ich weiß nicht recht, ob das schon richtig wäre. Zur Zeit versuche ich, irgendwo in der Wirtschaft einzusteigen. Es ist möglich, daß das doch klappt. Ich habe zur Zeit zwei Projekte. Schrieb ich Dir, daß ich mich seit drei Jahren mit der Ernährung beschäftige und mir trotz geringer Anfangskenntnisse und nur sehr nebelhaften Vorstellungen dort einen ganz ordentlichen Ruf als einer der besten Wirtschafts-, Finanz- und Marktpolitiker beschafft habe? Meine Spezialität ist zur Zeit der Aufbau der Fischerei auf den Zweigen der Hochsee- und Küstenfischerei, die allgemeine Marktpolitik und die große Finanzierungsplanung. Manchmal ist es etwas sehr stürmisch gewesen. Besonders 1946/47, als ich praktisch ins kalte Wasser geworfen wurde und von Hamburg aus die Gesamtversorgung der britischen Zone in dem kalten Winter steuern mußte. Vielleicht erklärt Dir das alles manches andere, insbesondere meinen Gesundheitszustand.« Auch die politische Situation ließe derzeit keine Urlaubsplanung zu: »Ich erwarte bei uns in den Westzonen durch steigende Schwierigkeiten im übrigen so krisenhafte Zustände, daß ich nicht schon jetzt lange Urlaubspläne machen kann, die mir doch totsicher zerschlagen werden.«

Statt des Urlaubs schlug Vater ein »Wiedersehen in oder bei Hannover« vor. »Wir könnten uns hier oder im Harz einige Tage aufhalten und die zwischen uns zu lösenden Fragen behandeln.«

In mir steigt es siedend heiß hoch. Als kleines Mädchen war ich mit meiner Mutter im Harz. Habe ich dort etwa meinen Vater getroffen?

Vater versprach, Geld zu schicken, damit sie kommen konnte. »Ich werde Dir gern Deine Fahrt oder Deinen Aufenthalt hier in jeder Weise erleichtern, wir müssen meines Erachtens doch die notwendige Aussprache führen und uns einmal wieder in Ruhe sehen. Also mein Vorschlag: Ende Mai, Anfang Juni, bevor ich endgültig in ein Sanatorium gesperrt werde, ein paar Tage hier im Harz oder Weserbergland. Ich schicke Dir in diesen Tagen zweihundert Mark. Dann wirst Du ja kommen können.« Dann fragte er noch: »Hast Du Telefon? So ginge es am besten, wenn wir uns verabreden wollen. Ich bin zu viel unterwegs, als daß Du mich anrufen könntest. Gib mir bitte Nachricht und sei Du mit Sibylle.«

Im August 1949 meldete sich Vater voller Schuldgefühle: »Du hast mich durch Deine Briefe sehr beschämt, denn ich sehe ein, daß ich trotz allem, was mit mir in der letzten Zeit geschah, Dir sehr gut hätte schreiben können. Ich muß aber doch über mich und meine Lage etwas berichten. Du weißt, daß ich im Frühjahr sehr ernstlich krank war und infolge der fürchterlichen Hetze, in der ich arbeiten muß, auch nicht genügend Zeit zum Auskurieren fand. Ich klappte also im Juli erneut zusammen, und wenn es auch nicht so schlimm wie im Frühjahr war, so habe ich doch wieder meinen Erholungsurlaub unter ärztlicher Aufsicht verbringen müssen. Ich bin selbst dadurch in erhebliche Schwierigkeiten in finanzieller Hinsicht geraten und wußte nicht, wie ich Dir gegenüber mein Versprechen, Dir zweihundert Mark zu schicken, wahrmachen sollte.«

Meine Mutter war allein im Urlaub. Auf ihre Grüße reagierte er: »Dein Ferienbrief hat mich sehr gefreut, teils doch sehr betroffen. Wir sollten über diese Dinge lieber einmal reden, und ich werde mich wirklich sehr auf ein Wiedersehen freuen.« Vater träumte wieder vom gemeinsamen Wegfahren: »Ich habe mir das eigentlich am allermeisten gewünscht. Du wirst doch mich verstehen, warum ich nicht gerade zurück in die Ostzone reisen möchte, wie Du mir vorschlugst. Also ich hoffe, Dir durch diese in furchtbarer Eile zwischen zwei Reisen hingeworfenen Zeilen etwas von Deinen Schwierigkeiten genommen zu haben und zugleich vielleicht Deine Sorgen gemindert zu haben. Ich habe wirklich viel an Dich gedacht und bin am unglücklichsten wohl selbst daran, halb krank, immer überhetzt ohne richtiges Zuhause durch Westdeutschland gejagt zu werden.«

Noch einmal versucht er, sie zu überreden, ihm nachzufolgen: »Ich habe immer mehr den Eindruck, daß Du doch eine verfehlte Sache in Berlin betreibst. Du weißt, daß ich wirtschaftliche Tatbestände einschätzen kann, und daß es in der Berliner Wirtschaftslage nicht eben starke Auftriebstendenzen gibt. Also wird die fortschreitende, teilweise politisch bedingte Arbeitslosigkeit und der damit verbundene Kaufkraftrückgang gerade so krisenanfällige Geschäfte wie Deines betreffen. Du wirst Dir das selbst gesagt haben, und es wäre doch recht zweckmäßig, sich einmal darüber zu unterhalten, ob du nicht westwärts kommen solltest, wenn es dort immer schwieriger wird?« Was wäre geschehen, wenn meine Mutter ihm nachgezogen wäre? Immerhin gab es ja seine Familie dort. War Vater, wenn es darum ging, seine Wünsche zu erfüllen, so bedenkenlos, daß er auch die Existenz meiner Mutter aufs Spiel gesetzt hätte, so wie er sie vorher dazu gebracht hatte, schwanger zu werden, weil er eine Scheidungserlaubnis brauchte? Gab es für ihn denn gar keine Verantwortung?

Dann ein Telegramm an meine Mutter per Adresse ihrer Cousine in Hannover. Aus Cuxhaven teilt er am 8.11. um 15 h 50 mit: »KANN ERST SONNTAG ABEND HANNOVER EINTREFFEN BITTE MICH MONTAG ZU ERWARTEN.«

Am 23.6.50 erneut eine telegraphische Mitteilung: »DM 750 HEUTE ÜBERWIESEN BRIEF FOLGT.« Aus den Listen meiner Mutter sind die ausstehenden Unterhaltszahlungen zu ersehen. Danach hatte Vater einmal im März 1946 tausend Mark in bar gezahlt. Also müssen sie sich auch im Frühjahr 1946 getroffen haben. Drei Überweisungen von insgesamt achthundert Mark erfolgten im Jahr 1949. Nach ihrem Grundsatzbrief von Anfang 1950 am 2.3. noch einmal ein Telegramm von Vater: »ERWARTE MEINE ANTWORT DIE DURCH

SCHWERE KRANKHEIT UND URLAUB VERZÖ-
GERT.« Im entscheidenden Moment passierte Vater stets etwas.
Oder er mußte an Feiertagen zu dienstlichen Verhandlungen.

Im April 1950 wandte sich meine Mutter an das Amtsgericht
Charlottenburg, um einen Zahlungsrückstand von über tausend
Mark mitzuteilen. »Meine Bemühungen, die Zahlungen herein-
zuholen, sind fruchtlos geblieben«, schrieb sie an den Richter
und bat, ihren Rechtsanwalt als Pfleger zur »Geltendmachung
der Unterhaltsforderungen« zur Seite zu stellen. Im Juni 1950
schrieb der Rechtsanwalt, daß sich der »Antrag auf Zustellung
beim Schuldner in Hannover befindet«. Die Umstellung werde
aufgrund der Währungsreform erst nach der Berliner Umstel-
lungsverordnung erfolgen, so daß »wir für die rückständigen Beträge vor diesem Zeitpunkt eine Abwertung in Kauf nehmen
müssen«. Anfang September beschloß das Amtsgericht Charlottenburg »in Sachen der minderjährigen Sibylle Gentzen... ver-
treten durch ihre Vormünderin«, wie der ausstehende Unterhalt
nach der ›Neuordnung des Geldwesens vom 4. Juli 1948‹ umzurechnen ist. Am 25. 9. 50 erhielt meine Mutter – bedingt durch
die Währungsreform – von dem ausstehenden Unterhalt ganze
70,20 DM. Die Anwaltsrechnung von 25,72 DM, die der Anwalt
an Vater geschickt hatte, zahlte sie. Mitte Oktober hat Vater, der
nun mit jeder fälligen Rate gemahnt wurde, diesen Betrag doch
noch überwiesen. Auf Anfrage des Amtsgerichts teilte sie Mitte
Mai 1951 mit, »daß die Unterhaltszahlungen durch den Kinds-
vater jetzt regelmäßig erfolgen«.

Einen Versuch, meinen Vater zu treffen, hat meine Mutter
noch im Jahr 1951 gemacht. Ohne eindeutig abzusagen, entzog
er sich: »Deinen Brief vom 25. habe ich infolge längerer Abwesenheit erst am 31. 5. erhalten. Ich muß Dir zu meinem Bedauern
mitteilen, daß ich am 7. Juni in Bonn bin. Ebenfalls bin ich am 8.
und 9. Juni in Hannover nicht zu erreichen. Ich bin in der nächsten Woche lediglich am 6. Juni in Hannover. Auch in der dann
folgenden Woche bin ich bis zum 16. fast ständig außerhalb. Es
tut mir leid, daß es deswegen sehr schwierig sein wird, einen
Treffpunkt zu vereinbaren. Gib mir doch bitte Nachricht, wann
Du auf der Rückfahrt durch Hannover kommst.« Handschrift-

lich trug er die Apparatnummern nach, unter denen er telefonisch zu erreichen war.

Ende 1952 meldete sich Vater von sich aus. Sein Brief klang triumphierend: »Du wirst überrascht sein, von mir so kurz vor Weihnachten etwas zu hören. Es hat seinen besonderen Grund. Ich bin am 15. XII. in Hannover ausgeschieden, um ein neues Amt beim Hamburger Senat anzutreten. Ich hoffe, mich auch finanziell etwas zu verbessern, und glaube, eine bessere Situation anzutreffen. Seit gestern sitze ich wieder in Hamburg, allein in einer Pension wohnend. Meine Stellung muß noch geregelt werden, insbesondere die Finanzen. Ich bin noch im Staatsdienst etwas mehr geworden und weitergekommen, aber mein Ziel bleibt die Wirtschaft. Ich schreibe Dir bald mehr. Zunächst Dir und Sibylle die herzlichsten Grüße und Weihnachtswünsche.«

Vaters letzter mir zugängliche Brief stammt aus dem Jahr 1958. Ich selbst habe ihn damals vom Postboten am Gartenzaun entgegengenommen und ihn meiner Mutter gebracht. »Hier ist wieder ein Brief von meinem Vater«, übergab ich ihn so unbewegt wie möglich. Kurz blickte meine Mutter mich prüfend über ihre Lesebrille an. Dann fiel kein Wort mehr darüber. Nun lese ich doch noch, was sie damals verbarg. Den in Schreibmaschine verfaßten Brief, der mir während des Besuchs bei meiner Mutter als erster in die Hände gefallen war.

Das neue Wissen über Vater füllt mich aus. Mein Vater, sage ich mir, soll mir nun endlich gehören. Ich klebe an jedem seiner Worte, will keines loslassen. Jede Distanzierung, Kritik, auch eine Streichung im Text bedroht mich, wiederholt seinen Verlust. Mit jedem hergegebenen, losgelassenen oder entwerteten Wort ist mir, als verlöre ich einen Teil meines Fundes und damit die Chance, eine Entwicklung nachzuholen. Mein Kind-Ich ist noch längst nicht satt, es läßt sich nicht so einfach abspeisen. Meine Sehn-Sucht will mehr: mehr Wissen, mehr Liebe, mehr Spüren, hofft, für all das Warten entschädigt zu werden. Noch habe ich nicht alles, was ich brauche. Ich bin neu-gierig.

Vaters kurzer Aufstieg

Als Zwölfjährige saß ich auf dem Altpapierstapel des Lesezirkels, blätterte Zeitschrift um Zeitschrift durch. Jemand hatte erwähnt, daß über meinen Vater etwas geschrieben stand. Ich fand den Artikel nicht. Seither begleiten mich Berge alter Zeitschriften. Wegwerfen kann ich sie nicht. Dann verlöre ich die Spur meines Vaters. Als mir diese Erinnerung kommt, gelingt es mir, meine Sammelleidenschaft etwas einzudämmen.

Einen Hinweis gibt mir nun der ältere Bruder: Vater war eine Zeitlang im Vorstand einer Werft. Den Traum vom Wirtschaftsboß hat er in seinen Briefen schon geträumt: »Ich werde mich so sehr freuen, wenn ich durch einen guten Job in der Wirtschaft in die Lage käme, Dich durch Abzahlungen aller Verpflichtungen auf einmal von Deinen Hauptsorgen zu befreien«, hatte Vater versichert. Spät aber dennoch – beinahe wäre sein Traum in Erfüllung gegangen.

Nach dem Stichwortkatalog suche ich im Archiv die Zeitschriftenbände der fünfziger Jahre durch. Das Register verzeichnet seinen Namen. Ich blättere den entsprechenden Monat auf und finde meinen Vater, als er Mitte fünfzig war, beschrieben: »Leicht verdattert, das sonst rosige Gesicht dunkel verfärbt, verließ der Regierungsdirektor den großen Saal. Draußen vor der Tür blieb er sinnend immer wieder stehen. Erst das drohende Auge eines Teleobjektivs rief ihn in die Gegenwart zurück. Eilends strebte der rundliche Mann dem Hamburger Markplatz zu.«

Rund und rosig, so hat ihn das späte Foto gezeigt. Nun entnehme ich der bildreichen Sprache, daß er verträumt oder verstört wirkte. Vater war als Sanierer von der Stadt zur Werft geschickt worden, nachdem die Löhne der Beschäftigten nicht mehr gesichert waren. Die Werft wurde entschädigungslos enteignet, eine Maßnahme, die jahrelang kritisiert wurde. Die Sanierung blieb erfolglos, das Werk wurde aus Angst, den Stadthaushalt allzu sehr zu belasten, geschlossen. Die Schließung blieb umstritten.

Was war geschehen? Vater hatte auf einer öffentlichen Konkursversammlung Stellung beziehen müssen. Ich erfahre: »Der Oberbeamte war von 450 Konkursgläubigern, die sich am Dienstag vergangener Woche zur ersten Konkurs-Versammlung in Hamburg eingefunden hatten, in ein arges Kreuzverhör genommen worden.« Auf alle Fragen der Gläubiger nach bestimmten Geschäftsvorgängen bei den staatseigenen Werken wußte Vater »nur stotternd zu antworten. Als die Ausführungen des Hamburger Staatsbeamten in immer neuen Zwischenrufen (»Das ist keine Antwort«) untergingen, schaltete sich schließlich der Konkursrichter und Amtsgerichtspräsident ein: ›Wir wollen den Herrn hier nicht überstrapazieren.‹ Unter dem Gelächter der Versammlung retirierte der Regierungsdirektor daraufhin rasch vom Podium.«

Ich stelle mir eine aufgebrachte Gläubigermenge vor. Konkurse sind wie Ehescheidungen, hat mir einmal ein Konkursanwalt gesagt. Da bleibt kein Beziehungsstein mehr aufeinander, keine Freundschaft trägt weiter. Der Imageverlust haftet an einem. Vater hat diese Erfahrungen machen müssen. Ich später auch, als die Frauenzeitschrift ›Courage‹ pleite ging.

Als staatlicher Sanierer hatte Vater keine Fortune. Ihm wurde bescheinigt, zusammen mit zwei anderen Chefsanierern fehl am Platze gewesen zu sein. Der Vorwurf lautete, die Dispositionen seien mangelhaft, das Verhalten gegenüber Lieferanten, Händlern und Kunden irreführend gewesen. In der Konkurspanik glaubte man damals, aus der Konkursmasse keinen Pfennig mehr an die zweitausend Gläubiger zahlen zu können. Fünf Jahre später waren die Einzelteile der Werft verkauft: Jedes Teilwerk geht zu mehrstelligen Millionenbeträgen an konkurrierende Firmen. Die Gläubiger der Teilwerke werden zu hundert Prozent entschädigt. Die Werft hätte gar nicht schließen müssen. Auch die ›Courage‹ ging unter in einer zeitlich begrenzten Absatzkrise. Auch ihre Pleite begann mit nicht gezahlten Löhnen... Wie merkwürdig diese Parallelen sind. Kann man denn im Leben etwas nachvollziehen, von dem man nie wußte?

Die letzte Chance

Trotz der offensichtlich falschen Versprechen, die der Vater meiner Mutter in seinen Briefen gegeben hat, bin ich nicht wütend auf ihn. Mein Liebeshunger ist nicht gestillt, meine Gefühle sind noch nicht ausgeglichen. Statt auf den Vater richtet sich mein Zorn immer noch auf meine Mutter, kommt wieder hoch, sobald sich der geringste Anlaß bietet. Jede Spitze, Distanz, Kühle verletzt mich. Sie kann ja unglaublich gemein sein, wütet mein Kinder-Ich, das es wohl darauf angelegt haben muß, alle Trotzphasen nachzuholen. Auf Anraten meiner Therapeutin beschließe ich, meiner Mutter eine letzte Chance zu geben, bereite damit die Abnabelung von ihr vor.

Ich setze mich hin und schreibe meiner Mutter, daß ich ihr über meinen Vater nun keine Fragen mehr stellen werde, denn ich könne ja nicht ständig ins Blaue fragen. Sie solle mir freiwillig mehr über meinen Vater sagen. Sorgfältig gehe ich den Brief durch, streiche alle scharfen Formulierungen wieder, sonst wäre die Tür für eine Verständigung von vornherein verschlossen. Ob sie wohl spürt, daß sie nun sprechen muß?

Selbst Hunderte von Kilometern entfernt auf einer griechischen Insel bleiben die Kränkungen unseres letzten Telefonats. Trotzdem kaufe ich eine gehäkelte Decke für sie. Die Freundin, mit der ich reise, bezweifelt, daß das der richtige Zeitpunkt ist, meine Mutter zu beschenken.

Als ich zurückkehre, finde ich keine Antwort vor. Meine Mutter hat nie auf diesen Brief geantwortet. Dafür klingelt, kaum bin ich in der Haustür, bereits das Telefon: »Ich habe extra lange gewartet, bis ich mich melde, weil ich dachte, du würdest erst noch mit deiner Freundin sprechen wollen.« Dann leitet sie unvermittelt zur Erbschaftsfrage über: »Ich habe das Gefühl, daß Vati an den Häusern herumfummelt. Du mußt wissen, daß ich sowohl bei dem Haus in Bornholm als auch in Zehlendorf im Grundbuch stehe.« Neulich habe sie mit einer alten Dame geredet. Die habe gesagt, sie habe ihre Häuser nur erhalten können, weil sie sie testamentarisch verankert habe. Meine Mutter zu ihr: »Aber das brauche ich doch nicht, ich habe doch nur eine Toch-

ter.« Auf diese Weise teilt sie mir mit, daß sie die Erbschaftsange-
legenheit nach mehr als drei Monaten beiseitelegt. Ich bin erleichtert und zugleich betroffen. Meine Mutter honoriert, daß
ich keine Fragen mehr stelle. Erst einmal schicke ich die Decke
doch nicht los.

Sein Bild wird genauer

Seit dem Brief meines ältesten Bruders ist es einen Monat her. Ich
schicke ihm neue Fragen. Wieder finde ich seine Antwort vor, als
ich zurückkehre. Er entschuldigt sich, ähnlich wie unser Vater,
daß es »diesmal sehr lange gedauert hat mit meiner Antwort«. Für
mich kommen seine Informationen fast zu schnell. So rasch kann
ich das alles gar nicht verarbeiten. Dieses Mal erfahre ich alle
Namen der Straßen, in denen Vater gewohnt hat. Mein Bruder
stöhnt etwas: »Sie wollen natürlich schrecklich viel wissen, und
das verstehe ich auch.« Vaters Grab sei nicht mehr in Hamburg,
teilt er mit, seine Mutter habe ihn nach Ettlingen umbetten lassen.

Vaters Tod hält mein Bruder für eine Folge von Vaters schlech-
tem Gesundheitszustand. Er habe in den fünfziger Jahren
schrecklich viel geraucht, und das dann von einem Tag auf den
anderen aufgegeben. Lange Zeit habe er viel zu viel getrunken,
aber auch damit aufgehört. Und wie ich dem Bild entnehmen
könne, stets zu viel gegessen. Dennoch versichert mein Bruder,
Vater sei mit dem Entschluß, zu seiner Familie zurückzukehren,
»mit Sicherheit glücklich geworden«.

Mein Bruder rückt mein Bild von Vater in Details zurecht: »In
fünf Büchern zugleich hat er bestimmt nicht gelesen – er konnte
über fünf Bücher gleichzeitig reden, und irgendwie war ihm stets
alles präsent, was er gelesen hatte.« Er betont: »Aber gelesen hat
er bestimmt immer nur ein Buch; das weiß ich genau, weil ich
mein Interesse für Literatur von ihm habe. Er hat zudem lange
und komplizierte Bücher (wie der ›Mann ohne Eigenschaften‹
oder ›Die Suche nach der verlorenen Zeit‹) gelesen, und das so
intensiv, daß diese Lektüre keine Konkurrenz geduldet hätte.«

Mein Bruder vermittelt mir mit Hilfe der Literatur ein Charakterbild vom Vater: »Wenn Sie literarische Interessen haben, könnte ich Ihnen relativ leicht ein Bild meines Vaters geben, indem ich sage, daß der Dichter, der ihm wohl am nächsten stand, Gottfried Benn war. Er war ihm nicht nur äußerlich ähnlich, sondern teilte mit ihm auch seinen prinzipiellen Pessimismus. Ich hätte ihm gern den Briefwechsel Benns mit dem Bremer Kaufmann Oelze geschenkt, wenn der noch zu Lebzeiten erschienen wäre. Wenn Sie Benn für empfindsam halten, könnten Sie mit gutem Recht auch unseren Vater für empfindsam halten. Sie müssen aber auch bedenken, daß er in seinen Lebensabschnitten auch verschieden gewesen ist.« Einmal habe er Vater um Rat gefragt, als er in der Schule einen Aufsatz über eine Gestalt aus Goethes Egmont schreiben mußte. Vater schlug ihm vor, über den Herzog Alba als Technokraten zu schreiben. Der Bruder folgert daraus, daß Vater im nachhinein seine Tätigkeit in der Hitlerzeit kritisch beurteilte. Er scheint erleichtert, daß meine Mutter bestätigt, daß der Vater kein Nazi gewesen sei.

An meine Potsdamer Großmutter hat mein Bruder »ungewöhnlich positive Erinnerungen«. Sie war demnach eine »zierliche und gütige Frau, die uns Kinder immer sehr verwöhnt hat. Außerdem erinnere ich mich an ihren ausgeprägten ostpreußischen Akzent und daran, daß sie ausgesprochen abergläubisch war. Mein Vater hat immer erzählt, daß diese Vorstellungen im ländlichen Ostpreußen verbreitet waren.« Die Großmutter komme aus einer kleinbäuerlichen Familie. Ich stutze. So wie ich meine Mutter verstanden habe, hörte sich das eher nach Gutsbesitz an.

Meine Annahme, daß Vater in der SPD war, erweist sich als falsch. »Er war der festen Meinung, daß ein Beamter nicht Mitglied einer Partei sein durfte. Das war auch einer der Gründe, warum er es in Hamburg nicht weiter gebracht hat. Es hätte damals wohl gereicht, wenn er der FDP beigetreten wäre, der er wohl nahestand. Aber er hat sich standhaft geweigert.« Anfang der fünfziger Jahre habe er allerdings versucht, der Gesamtdeutschen Partei Gustav Heinemanns beizutreten. Die aber wollte ihn nicht, »weil er der Vorstellung evangelischer Frömmigkeit, die wohl konstitutiv für diese Partei war, nicht entsprach«.

In der Erziehung sei Vater weder gütig noch streng, sondern liberal gewesen. Außer Lehrer, wovon er als Jurist nichts hielt, hätte Vater ihm jedes Studium finanziert, sogar das der Theologie. Mein Bruder hat mit dem Gedanken gespielt, Pfarrer zu werden. »Er hat es auch toleriert, daß mein Bruder seine Schule abgebrochen hat, obwohl er nie einen Zweifel daran gelassen hat, daß er das für verfehlt hielt, hat ihm eine Lehrstelle besorgt und ihm, als er später das Handelsabitur auf dem zweiten Bildungsweg abgelegt hatte, auch das Studium bezahlt.«

Nachdem der jüngere Bruder mich von Anfang an selbstverständlich mit »du« angeredet hatte, habe ich auch dem älteren die vertrautere Form vorgeschlagen. Seine Reaktion: »Die förmliche Anrede war nicht böse gemeint; das liegt nur daran, daß ich ziemlich altmodisch bin und den Übergang zum Du der weiblichen Seite überlasse.« Trotz der betulichen Begründung fühle ich mich angenommener als vorher. Vielleicht war es sogar gut, den Kontakt so vorsichtig zu beginnen. Zum Verhältnis meines Vaters zu mir meint mein Bruder: »Im nachhinein war es sicher auch eine unzutreffende Vorstellung, wenn Du Dich nur als ›abgelehnt‹ empfunden hast, aber ich bin ziemlich sicher, daß ein Zusammentreffen mit Vater eine Enttäuschung geworden wäre.« Sein eigenes Zweifeln an Vater klingt vorsichtig durch: »Ich glaube nicht, daß Du da etwas versäumt hast.«

Eigentlich sei der Vater kein großer Briefschreiber gewesen, fährt mein Bruder fort, aber »dafür ein großer Erfinder in Ausreden, warum er nicht geschrieben habe«. Die Briefe, die Vater an meine Mutter schickte, sind in großen Intervallen geschrieben. Und jeder enthielt lange Entschuldigungen, warum er nicht schreiben konnte. Genau das war wohl typisch für ihn.

Der Vater habe die Familie gedrängt, aus Potsdam fortzuziehen. Nachdem er nur eine Wohnung in Cuxhaven fand, »wir dann fast auch keine Lebensmittelkarten bekommen hätten«, hat er die Familie an jedem Wochenende besucht. Ich stutze wieder: Hat Vater gelogen, als er von dem »möblierten Herrn« schrieb? Jonglierte er mit halben Wahrheiten? Sind wegen der Familienwochenenden die Treffen mit meiner Mutter nie zustande gekommen? Offenbar nehme ich selektiv wahr, sehe nur die mögliche Versöhnung. Mein älterer Bruder beteuert diese ständigen Wochenendbesuche geradezu, er muß damals vierzehn gewesen sein. »Was ich noch genau weiß, weil das damals gar nicht so leicht war. Und wir sind auch ziemlich oft mit im Dienstwagen nach Hannover gefahren, um uns vom Fortschritt der Wohnung zu überzeugen. Es war ein im Krieg zerstörtes Mietshaus, das wieder aufgebaut wurde und von Beamtenfamilien bezogen wurde.«

Vaters wirtschaftliche Interessen seien später abgeklungen. Wahrscheinlich war sein Wunsch zu wechseln ein Ausdruck seines Ärgers »über die unbefriedigende Verwaltungsarbeit. Als er schließlich in den Vorstand der Werft berufen wurde, ›ging‹ er eigentlich gar nicht, sondern mußte vom Senat ziemlich gedrängt werden.« Vater sei mit der Schließung des Werkes nie einverstanden gewesen. Deshalb habe er in den Konkursverfahren vom Senat auch nie eine Aussageerlaubnis erhalten. Er hatte nämlich angekündigt, seine Kritik an der Schließung der Werft öffentlich zu machen.

Vorsichtig geht mein Bruder auf meinen Wunsch ein, ihn zu besuchen. Wenn ich mal in seiner Gegend zu tun hätte oder einfach so kommen wolle, es sei ja von Bonn nicht weit, müßten wir das planen. Und weil ich mich über seine Briefe so freue, ermutigt er mich, ruhig weiterzufragen.

Mein Bruder hat inzwischen das Bild von Vater und das von mir in den Händen. Das Bild vom Vater zeige ihn, wie er »ihn aus der Nachkriegszeit in Erinnerung« habe, »nur mehr Haare hätte ich ihm zugestanden«. Dann beginnt auch er, Vergleiche zu ziehen: »Mein Bruder sieht ihm ziemlich ähnlich, wenn er auch nicht ganz so schmal ist wie der Vater damals. Aber regelrecht frappierend ist ja die Ähnlichkeit mit Dir!«

Mein Leben lang hatten mir alle Menschen gesagt, ich sähe aus wie meine Mutter. Die bekam dann stets ihren merkwürdigen Blick. Sie war die einzige, die wußte, daß das nicht stimmt. Mir ist, als würden Persönlichkeitsanteile in mir belebt, die bisher schlummerten. Ich fühle mich neu bewertet. Also hat mein Vater mir doch etwas hinterlassen. Ich habe sein Gesicht. Nur wußte ich um dieses Erbe nicht: Es war so nahe, daß ich es nicht fand. Eine Freundin, der ich mich mit meinem neuen Selbstgefühl präsentiere, reagiert spontan: »Dann hätte es ja nie geklappt, wenn du versucht hättest, dich bei ihm als Dienstmädchen einzuschmuggeln.« Stimmt. Mein Trick wäre wegen der Ähnlichkeit ja sofort aufgeflogen. Ich bin verdutzt.

Kurz darauf trifft auch ein Brief von meinem jüngeren Bruder ein, bestätigt die Aussage des älteren: »Die Ähnlichkeit ist vor allem meiner Frau aufgefallen. Übrigens gerät mein Sohn wieder stark nach mir, zumindest äußerlich. So vererbt sich immer einiges.« Er selbst hat die Ähnlichkeit nicht entdecken können, vielleicht mag er an sich gerade die väterlichen Anteile nicht. Aber wird er sie dann an mir mögen?

Über die Abwesenheit Vaters in der Familie schreibt er: »So etwas war damals zeittypisch. Wieviele Familien waren damals (meist durch Kriegsgefangenschaft) auseinandergerissen, so daß die Kinder jahrelang von den Müttern erzogen wurden. Von den Vätern erfuhr man eben aus Erzählungen – die sind dann eben unterschiedlich ausgefallen. Ich fand das als Junge damals alles natürlich, da es anderswo ja auch so war.« Wenn ein Vater später einfach dazukomme, störe er in gewisser Hinsicht. Aufgefallen ist ihm lediglich, daß sie so spät in den Westen nachgeholt worden seien, obwohl es dort für sie besser war. Auch jetzt denke er »zu viel nicht darüber nach«.

Der Kontakt zu den Kindern sei, als die Väter zurückkehrten, überall schwierig gewesen. »Sicher bemühen sich viele Väter (oder haben sich damals eben bemühen müssen), ein gutes Verhältnis zu finden. Unser Vater war eben nicht so. Er dachte doch vorwiegend an sich selber und war bei Bekanntschaften darauf bedacht, daß diese ihm nützen.« Ihr Bekanntenkreis sei nie sehr groß gewesen, Vater sei zu sehr auf seinen beruflichen Aufstieg bedacht gewesen. Meinen Bruder störte der Neid unseres Vaters. Als jemand, der ihm unterstellt war, um Versetzung gebeten habe, weil ihm ein anderer Posten bessere Aufstiegschancen bot, da fing »unser Vater an, von diesem Mann schlecht zu reden und dessen Verhalten als charakterlos zu kritisieren«. Vater hatte aber aus demselben Grund zuvor gerade den niedersächsischen Staatsdienst aufgegeben. »Es gäbe da mehr Geschichten dieser Art«, bricht mein Bruder seine Auseinandersetzung mit dem Vater ab.

Die herzzerreißenden Lebensbedingungen, die Vater in seinen Briefen beschreibt, kommentiert er: »Daß unser Vater nach 1945 solche Schwierigkeiten hatte, ist nun wirklich nicht verwunderlich. Nur durch den kalten Krieg konnte es ja möglich werden, Leute mit dieser Vergangenheit wieder in Amt und Würden zu bringen (das Parteiabzeichen auf seinem Revers war ja nicht zufällig dort), und mit zunehmendem Alter kam doch einiges der alten Gesinnung wieder durch, zumal ihn die SPD-Regierung nie befördert hat.« Mein Bruder versichert, er wolle sich nicht beklagen, schließlich habe er als Kind ja durch diese Entwicklung profitiert. Allerdings überlege er angesichts der Entwicklung nach dem Fall der Mauer immer häufiger, was wohl passiert wäre, wenn Vater sie nicht in die Bundesrepublik nachgeholt hätte, und ob er dann wohl in der DDR geblieben wäre. Mein jüngerer Bruder hätte, wird mir klar, gern auf den Vater verzichtet. Ich dagegen ringe mit aller Kraft – und zum Teil schon gegen besseres Wissen – immer noch um diesen.

Der Besuch

Das erste Treffen mit meinem ältesten Bruder naht. Er habe ein Hotel für mich gebucht, kündigt er an. Falls ich nicht einverstanden sei, solle ich ihm sofort Bescheid geben. Mit dem Antworten bummele ich herum. Anzurufen wage ich nicht, meine Vaterwelt ist noch so instabil, sie könnte mir entschwinden. Mein Interesse sinkt gegen Null, ich spüre, wie Gleichgültigkeit um sich greift. Mit der habe ich mich schon immer vor Enttäuschungen geschützt. Aber der Kontakt entsteht nicht mehr nur aus meinem inneren Druck heraus. Auf einmal sind Menschen da, die von sich aus aktiv werden, und Reaktionen von mir erwarten.

»Die Hausfrau will wissen, ob Du schon zum Essen da bist«,

verlangt mein Bruder mir eine alltägliche Entscheidung ab. Tagelang rühre ich mich nicht, dann zwinge ich mir die Zusage regelrecht ab. Meine Antwort fällt betont sachlich – gefühllos aus: »Mit Deinen Vorkehrungen bin ich einverstanden. Und ich werde gern zum Mittagessen kommen. Wahrscheinlich nehme ich das Auto, es sei denn, die Witterung ist zu schlecht, also zu neblig, früher Schnee oder Eis. Aber davon gehe ich im Augenblick nicht aus.« Sämtliche Katastrophen-Notausgänge habe ich eingebaut. Merkwürdig, dabei habe ich mich stets für zuversichtlich gehalten.

»Hast du Angst vor dem Besuch bei deinem Bruder?« fragt meine Liebe. »Ich hätte bestimmt welche, würde es aber nicht zeigen.« »Nein«, lache ich. »Das ist ja nicht mein Problem. Eher bin ich ratlos, was ich da noch soll. Ich weiß doch jetzt genug.« Um mich auf den Besuch beim Bruder einzustimmen, lese ich seine Briefe noch einmal. Plötzlich trifft es mich wie ein Schlag: Auf den Feiertag genau liegt das Treffen mit dem Bruder zwanzig Jahre nach Vaters Tod. Auf einmal spüre ich ein Flattern in mir, als ob eine ganze Schar von Fledermäusen mit ihrem Gefiepe in meinem Magen herumtobt, mit Flügeln auf und ab schlägt, ihre hakigen Krallen in mein Inneres schlägt. Wo war dieses Gefühl vorher, warum habe ich wieder nichts gespürt? Wie konnte ich mir erneut vormachen, das alles sei gar nicht mehr so wichtig? Was verberge ich hinter meiner scheinbar angstfreien Fassade?

Als die Panik in mir hochsteigt, hätte ich meine Liebe gern erreicht. Da Gefühle in mir nicht spontan hochkommen, ich sie sogar leugne, brauche ich die Nähe der Freundin, um mir abzugucken, wie es aussieht, wenn Emotionen ganz dicht unter der Haut leben. Nun flattre ich plötzlich allein herum, kann meine Ängste nirgendwo verankern, weiß nicht mit ihnen umzugehen. Eine Freundin ruft an und tröstet mich. Auch sie wäre bei solch einer Überschneidung des ersten Treffens mit einem Todesdatum vom Donner gerührt, selbst am Telefon bliebe ihr die Luft weg.

Samstag früh, ehe ich losfahre, kostet es mich Kraft, nicht bei meiner Liebe anzurufen. Sie will ungestört sein, falls es zwischen uns zu einer neuen Auseinandersetzung käme, spüre ich, nähme es mir die Kraft zu meinem Bruder zu fahren. Als ich mich endlich zu Hause losreiße, lenke ich den Wagen unsicher, muß schon auf dem Weg zum Blumenladen mehrfach voll die Bremse treten, weil ich Autos nicht rechtzeitig sehe. Hätte ich bloß den Zug genommen, fluche ich. Im Laden wähle ich einen rosa Strauß, eine andere Farbe geht nicht. Rosa steht für zärtliche Liebe.

Danach fahre ich extrem vorsichtig. Als ich nach gut einer Stunde von der Autobahn auf die Landstraße abbiege, würde ich am liebsten halten und in Tränen versinken. »So kannst du doch dort nicht ankommen«, rufe ich mich zur Ordnung. Eine andere Stimme sagt: »Noch ist es Zeit zum Weinen. Besser jetzt als später. In einer Stunde sieht man ja nichts mehr.« Ich komme ohne Heulen aus.

Die Wegbeschreibung meines Bruders ist gut, ich muß nur einmal fragen. In seinem Stadtviertel heißt jede Straße nach einem Dichter oder Philosophen. Ich bin schon an Einstein, Schiller, Kant, van Gogh, Hauptmann und Pestalozzi vorbeigekommen: Endlich muß ja auch Heine auftauchen. Endlich die Litfaßsäule, die Gesamtschule mit der Turnhalle. Noch zwei Straßen, dann die letzten Hausnummern und ich halte vor einer Villa mit großer Garage. Im Fenster verschwindet ein Kinderkopf: Mein Kommen wird erwartet und gemeldet. Den Weg herunter von der Haustür kommt ein schlanker, fast kleiner Mann im blauen Pullover mit ergrauender Stehhaarfrisur entgegen und streckt mir beide Arme entgegen: »Willkommen bei uns.«

Kaum wage ich es, genau hinzuschauen. Lieber gehe ich seiner Frau entgegen, halte ihr geschäftig meine rosa Blumen hin. »Das ist eigentlich verboten«, lacht sie mich an und begrüßt mich besonders herzlich: »Wir haben ja nicht jeden Tag so einen besonderen Besuch. Und das ist wirklich ein besonderer.« Ich spüre den roten Teppich, der da vor mir ausgerollt wird. Wie an Mutters Rockzipfel würde ich am liebsten sofort mit ihr in der Küche verschwinden.

Mir werden die Kinder vorgestellt: Das elfjährige Mädchen mit roten Haaren – von wem hat sie denn die nur, überlege ich sofort. Der fünfzehnjährige Sohn ist schwarzhaarig. Das ist mein Bruder bzw. seine Mutter, ordne ich zu. Mein Neffe ist schweigsam, die Nichte versteckt ihr Gesicht hinter Mutters Schürze. Dann krabbelt sie zum Vater und nimmt den in Beschlag, damit er ihr nicht abhanden kommt. Hoffentlich geht das nicht die ganze Zeit so weiter, meldet sich meine Angst. Wenn ich heute bloß nicht wieder an den Rand gerate.

Vorsichtig blicke ich mich um. Das Zimmer, in dem ich die nächsten beiden Tage verbringen werde, vergrößert sich zur Mitte hin, zwei schmale Zimmerflügel gehen im Rechteck von der Mitte ab. In der einen steht der bereits gedeckte Eßtisch, im anderen ein Bett mit rotkarierter Decke, an der Wand ein weißes Klavier. Rundum helle Schrankwände mit Büchern, Platten, vielen Schubfächern, nicht alt und dennoch zeitlos. Zwei Zeichnungen an der Wand, an der Glasscheibe zwei bunte Glasbilder. Weder warm noch kalt, fast neutral. Die Personen, die dazugehören, lassen sich aufgrund der Einrichtung nicht zuordnen.

Die ersten Fragen, die ich an meinen Bruder richte, prallen ab. Er antwortet mir zwar, wird aber von der Tochter abgelenkt. Seine Brille versteckt seinen ruhigen Blick nicht, auch nicht die breiten, dunklen Augenbrauen. Daß mein Bruder sich seiner Tochter so intensiv zuwenden kann, freut mich. So einen Vater hätte ich mir auch gewünscht. Ich stelle mich auf die Tochter ein. Vielleicht kommen wir eher ins Gespräch, wenn wir ein gemeinsames Drittes finden. »Warum versteckst du denn dein Gesicht vor mir«, frage ich. Es dauert nicht sehr lange, bis sie sich mir zuwendet: »Du kannst jetzt immer kommen«, verkündet sie und läßt alle Vorsicht fallen. Ich winke ab: »Na, mal vorsichtig.« Dann stellt sie mir ihre Plüschhunde vor.

Die Schwägerin, die ihre Schürze nicht nur beim Kochen trägt, ruft uns zum Essen. Ausgeteilt wird in der Küche. »Das gehört sich zwar nicht, aber bei uns wird das so gemacht. Jeder sagt, was er aus welchem Topf haben will.« Die Kinder kommen als erste dran, mein Bruder und ich stehen Schlange. Ich nehme etwas aus jedem Topf, und da es mir schmeckt, sogar noch Nachschlag vom Familienessen.

Beim Essen erzählt mein Bruder von seiner China-Reise. Was

für ein Glück, daß ich da auch schon war – so kann ich mithalten. Auch das Reisen ist ein gemeinsames Drittes. Beim Abgleichen der Länder, in denen wir waren, schlage ich ihn um afrikanische. Solch einen Wettstreit hätte ich als Kind gern gehabt. »Sag mal, gibt es eigentlich Erdteile, in denen du noch nicht warst«, bewundert mich mein Bruder und schmunzelt dabei etwas. »Doch, Australien, Lateinamerika und natürlich die beiden Pole.« Aber da sei es zu kalt. Mein Bruder liebt die Wärme.

Die Kinder sitzen, wie ich einst, wenn in Ruhleben Besuch da war, am Katzentisch. Ab und zu schaut der Sohn verstohlen zu mir rüber: Sein Blick ist freundlich-neugierig, fast etwas solidarisch. Sonst muffelt er eher herum. Meine Schwägerin schlägt eine Brücke: Er sei in der Pubertät, und seither etwas schweigsam.

Nach dem Essen suche ich einen Platz zum Rauchen. In dem Nichtraucherhaushalt bietet sich mir als Ort dafür das Arbeitszimmer im Souterrain an. Die Tochter zeigt mir den Weg. Das Zimmer, das ich noch zweimal betrete, ist äußerst ordentlich. Auf der Tischplatte und in den Regalen sind nur wenige Fachzeitschriften, daneben steht ein Computer. Auf dem hat mein Bruder die Briefe an mich getippt, es ist dasselbe System, auf dem ich schreibe. Also wohne ich schon in diesem Raum. Meine Nichte verwandelt sich auf einmal in einen Hund, beginnt spielerisch an Kabeln zu knabbern, scharrt auf dem Teppich, stößt mit der Nase den Papierkorb um. Mit jeder Zigarette beginnt das Spiel von neuem. Daß ich nur dreimal rauchen will, macht sie unzufrieden.

Ich registriere den überbesorgten Umgang der Schwägerin mit den Kindern. Als meine Nichte rausgehen will, zieht sie ihr die Jacke an. Die legt sich auf das Sitzpolster, hält der Mutter den Fuß entgegen. Die Mutter knüpft ihr die Schnürsenkel zu. Auch mir würde sie am liebsten in den Mantel helfen. Mein Bruder kann dagegen freundlich, aber bestimmt Grenzen ziehen. Beim Spazierengehen bleibt die Schwägerin zu Hause. Macht sie das, weil sie meinen Bruder und mich allein lassen will, oder bleibt sie wirklich wegen der Kinder?

Mein Bruder will mir das Hotel und die Altstadt zeigen. Er ist erstaunt, daß ich nur ein Aktenköfferchen als Gepäck dabei habe.

»Ja, wenn man so viel reist…« lache ich. Während ich mein Minigepäck im Hotelzimmer deponiere, zahlt er bereits die Rechnung für meine Übernachtung. »Danke schön«, sage ich und fühle mich wieder ein Stückchen angenommen. Aus den Erzählungen beim Mittagessen weiß ich bereits, daß sie alle Verwandten, auch den jüngeren Bruder und die Mutter, im Hotel unterbringen. Jedes Gefühl von Abgeschobensein wird von Anfang an weggeräumt.

In der Altstadt ist Weihnachtsmarkt. An Hunderten von Menschen vorbei drängen wir uns durch die Buden, verlieren und suchen uns wieder. Mein Bruder ist enttäuscht: »Sonst ist es hier immer ganz leer.« »Habe ich dich eigentlich in die Auseinandersetzung mit dem Vater gestürzt«, versuche ich ein Thema anzuschneiden. Die Menschen schieben uns voneinander weg, der Gesprächsfaden wird unterbrochen. Irgendwann gerate ich wieder in seine Nähe, da kann er mir antworten. Er habe durch meine Fragen festgestellt, wie sehr er den Vater geschätzt habe. Es ist, als ob ein Mathematiker das Ergebnis nennt, nicht aber den Weg dahin beschreibt. Der Bruder wirkt zufrieden, die Aufgabe gelöst zu haben. An sich sehe er heute, daß Väter auch überfordert seien. Wieder schwingt ein Vorwurf mit, dem er keinen Raum gibt.

Wir fliehen in eine Seitengasse, um zum öffentlichen Teil des gräflichen Schloßparks zu gelangen. Am überfrorenen See, über den sich Schlittschuhspuren ziehen, wird es zwischen uns entspannter, der Faden reißt nicht mehr, wir beginnen ihn zu spinnen. Er spricht über seine Kindheit. Er ist sicher, daß er in Riga gewohnt hat. Die Wohnung, wo meine Mutter und der Vater zusammengewohnt haben, die ich ihm beschreibe, ist jedoch eine andere als die seiner Erinnerung. »Was hat der Vater eigentlich dort getan?« will ich wissen. »Er war tätig für die Wirtschaftsverwaltung und zuständig für Reprivatisierung der von den Bolschewiki verstaatlichten Unternehmen. Sein Gebiet waren die baltischen Republiken und Weißrußland. Das war für einen Oberregierungsrat ein gewaltiges Gebiet. Eine so große Aufgabe hat er später nie wieder bekommen.« Das Problem sei nur gewesen, daß die Balten weder die Russen noch die Deutschen wollten. »Ja«, nicke ich. »Das sieht man ja heute auch wieder.«

Vater sei als Assessor in die NSDAP und die SA eingetreten. »Aber sobald er Beamter auf Lebenszeit war, ist er dort wieder ausgetreten.« Daß das 1934 überhaupt noch ging, habe niemand für möglich gehalten. »Der Vater war ja eigentlich Richter«, sagt er. »Als er dann ein Urteil über die Freidenker fällte, das den Machthabern nicht scharf genug war, ließ er sich gleich ins Ministerium versetzen.« Die Freidenker hätten ihm imponiert. Er sei aber nicht mutig genug gewesen, um sich voll für sie einzusetzen. Ein Kollege hatte damals wegen eines Freispruchs schon seine Richterstelle verloren.

»Und was war mit den Pässen für Judenbabys? Das mußte doch auffallen, wenn Babys plötzlich Pässe haben und ausreisen«, hake ich nach. Wie konnte er dadurch den Abtransport von Kindern verhindern? Seine Mutter und der Vater hätten ziemlich gut Bescheid gewußt, was mit den Juden passierte, sie hätten auch später immer darüber gesprochen, erzählt er. »Die Namen der Kinder existierten ja nur auf Listen. Deshalb wurden die dann nicht abgeholt«, relativiert mein Bruder den Einwand. Seines Wissens stecke keine Geschäftemacherei dahinter. Er gibt mir ein zweites Beispiel. In den baltischen Wäldern habe es einen Volksstamm gegeben, der ursprünglich im Kaukasus zwischen islamischem und christlichem Gebiet gelebt habe. Beide großen Religionen wollten diesen Stamm für sich gewinnen. Da der aber mit beiden Religionsgruppen Handel trieb, entschloß er sich, der dritten, dem Judentum, beizutreten. Später siedelten sich diese Menschen in Lettland an, hielten Vieh und bearbeiteten Leder. Vater habe diese Leute vor der Vernichtung gerettet mit dem Argument, es seien ja gar keine richtigen Juden. Außerdem stellten sie die Stiefel für die Armee her. »Ich habe diese Geschichte mit dem Stamm nie so recht geglaubt, bis mich eines Tages in meinem Institut ein lettischer Physiker besuchte und mir von diesem Stamm erzählte«, berichtet mein Bruder von seinen Zweifeln und Nachforschungen.

Nach dem Kaffee holt die Schwägerin ein Fotoalbum. Mein Bild klebt bereits darin, ich stehe auch schon auf der Versandliste des zweijährigen Familien-Rundbriefs über die Entwicklung der Kinder. Wie schön es ist, so angenommen zu werden. Sie strahlt mich an: »Es ist ja auch merkwürdig, in welchem Alter man noch zu einer neuen Schwägerin kommt.« Ich spüre Veränderungen. Die Kinder meines Bruders sind mir näher als die meiner Cousinen, obwohl ich die doch länger kenne. Es dauert eine Weile, bis mir aufgeht, daß mir die Nichte und der Neffe verwandtschaftlich näher stehen. Es sind ja die Kinder meines Bruders. Ich lerne das Familien-ABC neu.

Auf meine Bitte holt mein Bruder seine Kindheitsalben mit Bildern, die er als Zehn- bis Vierzehnjähriger aufgenommen hat. Er ist selbst überrascht, wie oft er den Vater geknipst hat. Mal sitzt er im Boot, mal ist er beim Wandern. Auf jedem sieht er lockerer aus als auf dem, das ich habe. »Familienfeste mochte er nie sehr, da hatte er nichts zu sagen«, erläutert mein Bruder den Eindruck, der mich beim ersten Foto abgestoßen hatte.

Auf den Fotos sehe ich die Hamburger Wohnung, einen runden massiven Eßtisch unter einem Tütchenleuchter, dazu ein paar Möbel im Stil der fünfziger Jahre. Mein Bruder hatte ein Klappbett. »Eine Zeitlang hatte ich auch ein Klappbett«, tauschen wir unsere Kindheitsschlafstätten aus. Dann Vaters steifunwohnliches Arbeitszimmer. »Gebraucht hat er das eigentlich nie. Er hat ja im Ministerium gearbeitet.« Das Haus in Hannover ist ein altes Wohnhaus, das nach dem Krieg wieder hergerichtet wurde. Das in Potsdam gefällt mir am ehesten. Es ist eine Mitte letzten Jahrhunderts erbaute Villa mit Garten. »Wir mußten nur über die Straße gehen und waren schon an der Havel.« Damals hat Vater am Wochenende noch Akten mit nach Hause genommen. Die hatte er dann auf Ausflügen sogar mit im Boot. »Das hätte nie kentern dürfen«, meint der Bruder. Wir können miteinander lachen, dabei blitzen seine Augen etwas auf. Mit Neugier vergleiche ich auch die Badebilder: Vater hatte dieselben abgerundeten Schultern wie ich.

»Unsere Kinder sind adoptiert«, vor dem Abendbrot erfahre ich das in der Küche. Ich zucke zusammen. Kein Wunder, kommt es mir in den Kopf, daß mein Bruder mit meinem Problem so gut umgehen kann. Er hat selber eine Sammelfamilie.

»Und wie geht ihr damit um?« Die Kinder wüßten davon, ab und an fragten sie noch einmal nach und bekämen dann neu Auskunft. Die Tochter beschäftigt das mehr. Der Sohn habe die Suche nach seiner Schwester noch mitbekommen. »Und die richtigen Eltern«, frage ich, als wir zu dritt in der Küche stehen, und erzähle von Marianne Herzogs Buch: »Die Suche«, ihrem verzweifelten Nachforschen nach ihrem Sohn, den sie in einer Notsituation weggeben mußte. »Wir haben auch einen Sperrvermerk für Auskünfte eintragen lassen. Zum Schutz der Kinder.« Nur die dürften das aufklären und ihre richtigen Eltern kennenlernen, sobald sie das wollen. Ich seufze: Es dauert so lange, bis man die Kraft dazu findet. Dann kann es doch längst zu spät, die Eltern gestorben sein.

Gegen zehn Uhr breche ich auf zum Hotel. Gefrühstückt wird getrennt. »Wir machen das immer so mit unseren Gästen«, wird wieder erklärt.

Zweiter Besuchstag

Mühsam quäle ich mich morgens aus dem Bett. Mir vorzustellen, daß es heute früh mit meinem Bruder noch einmal weitergeht, fällt mir schwer. Ich bin dankbar für das Frühstück allein, um mich zu sammeln.

Mein Bruder begrüßt mich wieder an der Tür. Mit Blick auf seine Tochter, die ihr Gesicht wie gestern in den braunen Polstern verbirgt, berichtet er verschmitzt: »Sie wollte dich gar nicht wieder reinlassen.« »Was, wieso denn nicht?« frage ich. Die Elfjährige braust auf: »Ihr habt mir ja nicht Bescheid gesagt, daß sie kommt.« »Sie hat nämlich die ganze Zeit am Fenster gewartet«, erklärt er ihr Verhalten. Danach spielt meine Nichte beharrlich mit einem kleinen Plastikkreisel, rührt sich nicht von der Stelle. Meinem Bruder gelingt es heute nicht, uns Raum zu verschaffen.

»Meiner Frau ist aufgefallen, daß sogar deine Stimme dem Vater ähnelt.« Ich falle aus allen Wolken. Wieso denn die Stimme?

Ich habe ihn doch nie gehört. »Habt ihr eine Tonbandaufnahme von ihm«, frage ich, nachdem meine Verblüffung nachgelassen hat. »Nein, das haben wir nur bei unserem Sohn gemacht, weil der so früh sprechen konnte.« »Und was empfindest du, wenn dir in mir so viele Ähnlichkeiten mit Vater entgegenkommen?« Mein Bruder zuckt die Achseln: »Nach irgendwem muß man ja kommen.« Er ist sich seiner Ähnlichkeit mit der Mutter, bzw. seinem Großvater gewiß.

Gestern hatte ich zugesagt, mit der Tochter zu ihrer Schule zu gehen. »Versprochen ist versprochen«, stehe ich zu meinem Wort. Zu viert stiefeln wir los, landen schließlich bei einem häßlichen Neubau. Auf dem Weg staunt die Frau meines Bruders: »Guck mal. Sogar der Gang ist wie der vom Vater.« Komisch, beginne ich an meinen bisherigen Überzeugungen zu zweifeln, immer dachte ich, daß man sich die Bewegungen abguckt.

Unser Bruder sei dem Vater viel ähnlicher, wird mir unterwegs erzählt. Auf einem neueren Foto hat der jüngere Bruder kaum noch Haare, als Junge bei den Fahrradtouren dagegen sogar einen Lockenschopf. Ich will wissen, ob die Ähnlichkeit auch innerlich sei. Vielleicht haben der Vater und er sich so schlecht verstanden, weil sie zu ähnlich waren. Mein Bruder zuckt die Achseln, darauf habe er nicht geachtet.

Wir fahren zu einem alten Klosterbau. Die Kirche hat kein geschlossenes Schiff mehr, die Wände sind nur nach einer Seite hin geschlossen. Wir ziehen es vor, in der Sonne zu spazieren. Mein Bruder und ich gehen im Wald vor, reden immer intensiver. »Hattet ihr zu Hause auch so eine warme Atmosphäre«, will ich erfahren. »Darüber habe ich mir auch noch keine Gedanken gemacht«, sinnt er nach. »Wahrscheinlich nicht. Das ist eher meine Frau, die das macht.« Er hat sich ein Gegengewicht für das schwierige Zuhause gesucht, vermute ich.

Der Abstand zu der Frau und der Tochter meines Bruders wird immer größer. Wir bemerken es erst spät, so versunken reden wir. Das Ähnlichkeitsthema taucht in allen Varianten auf. Beim Vater hat mein Bruder schwimmen gelernt. Vater habe gern Pilze gesammelt. Er selbst zögere. Wenn er welche mitnähme, ließ er sie von einem polnischen Nachbarn bestimmen. »Sonst würden die Kinder die auch nicht essen«, vermutet er. Ich bin ein Pilzfan. »Seit Tschernobyl traue ich mich kaum mehr, welche zu sammeln. Jedenfalls keine Schwämme.«

Wir reden auch über seinen Beruf, seine Zeit als Dekan habe er besonders genossen: »Es hat mir Spaß gemacht, Reden zu halten. Einmal habe ich, nachdem ich auf Englisch anfing, bemerkt, daß die meisten der anwesenden Wissenschaftler Italiener waren. Da habe ich dann zum Ärger der Amerikaner die Rede einfach auf Italienisch fortgesetzt.« Ich ergänze, wie ich auf einer Vortragsreise durch die USA und Canada plötzlich vom Englischen ins Französische wechseln mußte. Darauf war ich auch so stolz wie mein Bruder jetzt. »Kannst du etwa auch Tschechisch?« fragt er unvermittelt. »Ja, das mußte ich im Gefängnis lernen. Sonst wäre ich dort zum Opfer meiner Mitgefangenen geworden.«

Zwischendurch erkundige ich mich bei meiner Schwägerin, ob sie das Mittagessen noch als gemeinsames geplant habe. »Ja«, sagt sie. »Wir dehnen das so lange wie möglich aus.« Im Lokal bestellen mein Bruder und ich unabhängig voneinander gebackene Forelle. Wieder stutze ich. Langsam ist er, glaube ich, ebenfalls überrascht. Die Tochter will auch eine Forelle haben. Beide Eltern reden auf sie ein, die könne sie doch nicht schaffen, nicht einmal die Omi habe ihre neulich aufessen können. Die Kabbelei weitet sich plötzlich auf beide Kinder aus. Meine Nichte muß sich gegen drei wehren. Ich springe ihr bei, verspreche ihr, notfalls beim Aufessen zu helfen. »Guck mal«, freut sich meine Schwägerin, »wie die Sibylle das macht. Die lacht einfach, wenn ihr euch streitet.«

Gegen alle Prognosen schafft sie die Forelle zu drei Vierteln. »Ich bin ganz erstaunt«, wundert sich mein Bruder. Der Sohn rächt sich, daß seine Schwester ihren Kopf durchgesetzt hat, besteht darauf, daß sie nun auch noch den Nachtisch schaffen müsse, sonst bekäme sie seinen Eisschirm nicht. »Jetzt hat sie das so gut gemacht«, sage ich, »und wird auch noch bestraft. Willst du den wirklich lieber in den Müll tun, als ihn deiner Schwester geben?« Er nickt. Die Mutter steckt den Schirm heimlich ein.

Die Tochter will ein Bild von mir geschickt bekommen und wissen, wann ich wiederkomme. »Na, in diesem Jahr bestimmt nicht mehr. Aber das ist ja nicht mehr lange.« Auch meine Schwägerin wirkt betrübt, daß ich mich nicht sofort wieder verabrede. Als ich mich losreiße, trägt mich ein Hochgefühl. Ich bin froh, so einen Bruder zu haben. Und ich kann ihm das auch sagen. »Wenn man so viel von seinem Bruder erwartet…« Sein Satz geht mir nach, als ich längst unterwegs bin. Was für ein Glück, denke ich auf der Rückfahrt, daß ich ihn mag. Wenn meine Mutter einmal stirbt, bin ich nicht allein auf der Welt.

Jetzt hast du eine Familie

Meine Mutter hat auf dem Anrufbeantworter hinterlassen, sie sei jedesmal frustriert, wenn sie mich nicht erwische. Als ich zurückrufe, vermutet sie sofort, daß ich bei meinem Bruder war: »Wenn du nicht da bist, nehme ich an, du bist bei einem Vortrag, bei einem deiner Brüder, oder in Prag. Irgendwie denkt man sich das ja zusammen.«

Sie erinnert sich an meinen älteren Bruder als Sechsjährigen. »Er wirkte damals sehr in sich gekehrt.« »Das ist er auch heute noch.« Der Jüngere sei viel fröhlicher gewesen, sie bleibt bei ihrer Vorliebe. Ihre Reaktion ist für mich unerwartet: »Jetzt hast du ja deine eigene Familie.« Ich bin unsicher, ob in ihren Worten nicht ein Abschieben steckt.

Tage später zeigt sich: Sie hat meinen Besuch beim Bruder nicht gut verkraftet. Am Telefon bekomme ich ihre neuesten Katastrophen mit: Ihre Putzfrau habe sie vor der brennenden Kerze gewarnt. Kaum sei die gegangen, sei das Unglück passiert. Ihre Zeitung habe Feuer gefangen. »Es ist auf einmal alles in einer Stichflamme hochgegangen.« Sie habe versucht, die brennende Zeitung in die Küche zu tragen, habe loslassen müssen, weil ihr die Zeitung in der Hand zu heiß wurde. Jetzt habe der Teppich Brandflecken. Der eine sei zwanzig Zentimeter groß.

Ohne Übergang fragt sie weiter nach meinen Brüdern. Ich reagiere ungeduldig, es gebe nichts Neues zu erzählen. Ich bin mißtrauisch, daß sie sich einmischt. Meine Brüder gehören zu mir. Nachdem sie sie mir ein Leben lang verschwiegen hat, steht ihr dieser Teil von mir nicht zu. Sie bohrt weiter, ob ich mich auch bedankt hätte. »Nein, noch nicht«, gebe ich widerwillig zu. »Das müßtest du aber machen.« »Mutti, ich weiß schon, was ich tue.«

Der Absturz

Meine Liebe ruft am Montag an. Ich gebe meinem neu gefundenem Glück Ausdruck. Erst nach einer Weile erkundige ich mich, ob ihr Wochenende schön war. »Sibylle, ich habe ein ziemlich chaotisches Wochenende hinter mir«, sagt sie mit Grabesstimme. Seit einiger Zeit bleibt sie bei der Namensanrede. »Ich denke, du hast einen Ausflug gemacht.« »Nein, den habe ich abgesagt. Tagsüber habe ich korrigiert und heute die Tests wiedergegeben.« »Willst du nicht erzählen?« Ich setze inzwischen voraus, daß nun nichts mehr kommt.

»Sibylle, mein Freund ist heute nacht wiedergekommen.« Und das, nachdem er vor zwei Monaten auf ihren Druck hin ausgezogen war. Meine Liebe behält ihre Grabesstimme. Sie habe am Samstag durch die Vermittlung eines gemeinsamen Bekannten ein Treffen ausgemacht, und ihren Freund am Sonntag abend noch einmal allein getroffen. Beide seien sich nicht näher gekommen, so daß sie aufgestanden sei und gesagt habe: »Na gut, dann ist eben Schluß.« Danach sei er nachts wiedergekommen. »Ich sage dir das nur, weil du ein Recht darauf hast, es zu erfahren. Du würdest es ja doch hören und dich dann hintergangen fühlen. Ich weiß nicht, wie das weiter geht.« Mehr will sie nicht sagen.

»Und wie hast du reagiert?« will ich wissen. »Gar nicht.« Sie müsse erst prüfen, ob sie im Einklang mit ihren Gefühlen sei. Das könne sie nur mit ihrem Therapeuten. »Mit dir kann ich das ja nicht beraten.« »Du hast doch die ganze Zeit darum gekämpft. Sei doch froh, daß du es geschafft hast«, gebe ich bissig zurück. »Dann hast du wenigstens nicht draufgezahlt.« »Ich weiß noch nicht, wie ich das finde«, antwortet sie. »Daß ich darüber entsetzt bin, ist dir ja wohl klar.« »Ja, ich weiß. Wir haben uns noch nicht geeinigt«, fügt sie hinzu. Mir ist klar, daß es keine Wiederannäherung mehr geben kann. Jetzt muß ich mich allein finden. Ich habe nicht einmal Lust, sie zu beschimpfen, ihr zu sagen, wie sehr ich mich von ihr verschaukelt fühle. Die Wut auf sie kommt erst später. Im Moment bin ich nur gelähmt.

»Ich mag jetzt nicht mehr reden«, beende ich das Gespräch, in dem es kein »wir« mehr gibt. »Okay, das kann ich verstehen«, sagt sie und läßt Feinfühligkeit in der Stimme mitschwingen. Wahrscheinlich ist sie froh, die unangenehme Mitteilung hinter sich gebracht zu haben. Als erstes werfe ich die getrockneten Rosen weg, die sie mir geschenkt hat. Als ich ihr erstes Geschenk, den Mistelzweig, das Zeichen für die Fortdauer unserer Liebe von der Wand nehme, zerbirst er in tausend Stücke. Die Studentin, die bei mir saubermacht, nimmt mir die Blumen wie beim Stabwechsel im Staffellauf ab, trägt sie aus dem Haus. Ich kann es mir nicht mehr anders überlegen.

Am Abend fühle ich mich wie ein glühender Kohleofen kurz vor der Explosion. Irgend etwas drängt nach außen, mein Körper wird heiß. Gestauter Zorn, Wut auf meine Liebe, die nicht zu mir steht. Wie kann sie glauben, daß ich irgendwann einmal Verständnis dafür aufbringe? Im Traum zertrümmere ich Stühle und zerschlage das Porzellan, das ich ihr zum Geburtstag geschenkt hatte. Die Kanne hatte ihr Freund bereits in einem seiner Eifersuchtsanfälle zerstört. In der Nacht darauf schlage ich alle Fenster ihres Hauses ein, von denen ich mich bisher freundlich begrüßt fühlte. Ich quäle mich aus diesem Alp hoch, packe ihr Bild und die Ringe aus meiner Blickweite, verbanne sie in einen Schrein. Am liebsten würde ich ihr alles zurückschicken.

»Das mußt du doch vorher gespürt haben«, fragt eine frühere Freundin nach. »Ja, wahrscheinlich«, gebe ich zu. Zu Beginn der Beziehung habe ich meiner Liebe eine Kurzgeschichte aus dem letzten Jahrhundert geschenkt. Darin ist eine Familienfrau von zu Hause weg zu einer Freundin geflüchtet. Die sorgt für sie. Als sie sich in diese Freundin verliebt, kehrt sie von einem Tag auf den anderen zu ihrer Familie zurück. Die Liebe war ihr zu gefährlich. »Die Geschichte ist schön«, hatte meine Liebe ihren Eindruck zusammengefaßt. Ich ahnte wohl, daß unsere Geschichte denselben Verlauf nehmen würde.

Weihnachten in der Stadt. Ich bummle durch Läden, weiß nicht, wem ich etwas schenken könnte. Für meinen Bruder ist es zu früh. Meiner Mutter mag ich jetzt nichts kaufen. Für meine Liebe – das geht nicht mehr. Ich gehöre nirgendwohin. Aus nahezu jedem Geschäft starren mich Eulen an. Die waren das Zeichen meiner Liebe zu ihr.

Freundinnen, die im Laufe des Tages anrufen, freuen sich, daß ich die Trennung endlich geschafft habe. Wie Geier fallen sie her über jedes »mal sehen, was passiert«, »mal abwarten« und pikken es aus meinen Sätzen. »Knüpf keine Hoffnungen daran, daß sie etwas begreift. Sie hatte alle Unterstützung, die ein Mensch bekommen kann«, warnt eine. Und eine andere: »Das konnte man ja bis Berlin sehen, was da passiert.« Ich kann nicht so weit schauen.

Unvermuteter Trost

In mein selbstquälerisches Grübeln hinein läutet das Telefon. Ich erkenne die Frau meines Bruders noch nicht an ihrer Stimme. Sie hat gerade meine erste Rundfunksendung über die Vatersuche gelesen. Sie habe sich gleich melden wollen, ein kleines Weihnachtspäckchen sei auch für mich unterwegs. »Du bist mir in so kurzer Zeit sehr, sehr wichtig geworden«, sagt sie. »Bitte komm doch bald wieder zu uns.« Gerade habe sie der Tochter erklärt, daß man im Alter nur noch selten Menschen treffe, die einem so schnell etwas bedeuten. »Weißt du«, sagt sie, »ich habe ja auch über den Vater Beobachtungen gemacht, die mich lange sehr beschäftigt haben, und mit denen ich noch nicht fertig bin. Die würde ich dir gern erzählen.«

Meine Schwägerin ist voller Mitgefühl: »Die Trennung, von der da in der Sendung die Rede ist, klingt sehr nach zu Ende gehen. Ich hoffe, daß nun nicht zwei Sachen auf einmal nicht weitergehen«, spricht sie meine Gefühle einfach an. Plötzlich spüre ich meine Trauer, sie bekommt, als Gefühl erlebt, Raum. Ich erzähle ihr, daß die Beziehung, um die es in der Sendung geht, gerade beendet sei, mein Teil daran jedenfalls. »Es muß«, sage ich und kann ein Weinen nicht mehr zurückhalten. »Komm zu uns, wenn es dich nicht zu sehr belastet, wenn es dir Freude macht.« »Die Begegnung mit euch hat mir in den letzten Tagen sehr viel Kraft gegeben«, danke ich ihr. »Es ist auch so vertrackt, daß sich genau an dem Tag, als ich von euch kam, die alte Partnerschaft wiederhergestellt hat.« Wenn es zu Ende gehe, und ich sie – die Familie – dafür gefunden habe, sei ja auch etwas gewonnen, tröstet sie. Das Gefühl habe ich auch. »Ich komme gern noch einmal zu euch, zwischen Weihnachten und Neujahr.« Wieder geschehen Annäherung und ein Stück Abschied zeitgleich.

Ich muß zum Grab meines Vaters fahren, schießt es mir durch den Kopf. Mir ist, als käme die Rettung von dort. Ich stehe auf, gucke auf der Karte nach, wo Ettlingen liegt. Für eine Tagestour ist es zu weit. Morgen habe ich Termine. Ich verschiebe es aufs Wochenende. Samstag will ich sowieso nach Frankfurt, das ist schon mehr als die halbe Tour nach Karlsruhe.

Mein älterer Bruder hatte geschrieben, er wisse nur, daß das Grab meines Vaters aus Hamburg nach Ettlingen verlegt sei, nicht aber, wo es genau sei. Ich blättere noch einmal in einem Brief an den jüngeren Bruder. Es ist fast sechs Wochen her, daß er sich gemeldet hat. Die Schreibpausen, die auch ich plötzlich einlege, zeigen mir, daß kein Schritt selbstverständlich ist, daß ich zu jedem neu vom Trennungsschmerz angetrieben werde. Jede Annäherung an meinen Niemand ist eine Suche nach Halt.

»Diesmal habe ich lange nichts von mir hören lassen«, wende ich mich an den jüngeren Bruder. »Einmal habe ich die Beschäftigung mit unserem Vater eine Weile ruhen lassen, weil sie mich anstrengt. Dann gab es dringende berufliche und private Probleme.« Eigentlich habe ich die Begegnung mit ihm aufgeschoben, weil ich es im Moment genieße, Positives über meinen Vater zu erfahren. »Nun aber brauche ich von Dir die Information, wo sich derzeit das Grab unseres Vaters befindet. Du müßtest doch wissen, wohin die Urne umgebettet wurde, nachdem Eure Mutter umzog. Vielleicht kommt es Dir merkwürdig vor, daß ich gerade das wissen möchte, zumal ich alles andere als gern auf Friedhöfe gehe. Aber diesmal gehört es für mich dazu, daß ich Abschied nehme. Und da gibt es keinen anderen Ort, an dem ich meine emotionale Distanz aufgeben und ihm begegnen könnte«, beschreibe ich meinen Wunsch und spüre, daß ich mich damit angreifbar mache.

Meine Frage nach der Lage von Vaters Grab beantwortet der jüngere Bruder so ironisch, daß es mich innerlich friert: »Du bist sicher alles andere als eine Enthüllungsjournalistin.« Ich werde wütend auf ihn: Soll ich etwa meine Zeit damit verplempern, mir Hunderte von Grabsteinen durchzulesen? Er verkörpert wohl die verletzenden Seiten meines Vaters. Dafür habe ich im Moment keine Kraft, ich muß mich schützen. Aber ansehen, innerlich erfahren will ich ihn später doch, auch wenn es weh tut.

Merkwürdigerweise lädt mich gerade der jüngere Bruder zu sich in sein Haus ein. Sein Vorschlag ist so formuliert, daß ich nicht recht weiß, ob ich ihm willkommen bin. Er beschreibt sein Gästezimmer: »Es ist normalerweise ein Bügel-, Näh- und Arbeitszimmer. Wenn es Dir nichts ausmacht, zwischen Kochbüchern und Stoffresten zu übernachten, kannst du gerne kommen.«

Was ist Trauern?

Trennungen und Tod haben vieles gemeinsam. Aber wie trauert man richtig? Dieses Mal möchte ich keinen Gefühlsschritt überspringen. Jeden will ich sehen, auch den schmerzhaftesten. In einem Bücherladen frage ich nach Verena Kasts Buch übers Trauern. »Hoffentlich ist das auch da«, die Verkäuferin guckt mich so mitleidig an, als sei mir gerade jemand gestorben. Das vorweihnachtliche »Soll-ich-es-als-Geschenk-verpacken?« kann sie nicht unterdrücken. Mit dem Trauerbuch im Gepäck fahre ich nach Frankfurt zur Vorstandssitzung des Journalistinnenbundes und abends nach Ettlingen weiter. Morgen früh werde ich am Grab meines Vaters stehen.

In der Ortseinfahrt von Ettlingen fällt mir eine pompöse historische Weinstube namens ›Sibylla‹ auf. Umgehen kann man die in Ettlingen nicht. Den Namen sowieso nicht. Selbst Apotheken heißen nach der einstigen Landesfürstin. Fühlt sich Vaters Frau nicht ständig an mich erinnert? Nachdem ich in der Innenstadt kein Hotel entdecke, wieder bei ›Sibylla‹ ankomme, gehe ich hinein, um nach einem Hotel zu fragen. Ein superteures namens »Erbprinz« ist angegliedert. »Der Erbprinz bin jetzt ich«, beschließe ich und miete ein Zimmer.

Ich versuche mich einzustimmen, lese im Trauerbuch. Wie Kraut und Rüben fällt mir alles zu Trennung und Tod ein, nur mein Vater nicht. Ich hätte zum Grab meiner Großmutter fahren sollen, ich bin am falschen Grab, erschrecke ich. Um die Omi durfte ich nicht trauern. Auf ihren Tod bin ich nie wütend geworden. Meine Großmutter ist für mich eine Idealfigur geblieben. Zu ihr bin ich geflohen, wenn meine Mutter mich bestrafen wollte. Mit meiner Großmutter habe ich Mutter und Kind gespielt: Omi war das Kind. Von den Märchen, die Omi mir vorgelesen hat, konnte ich mich mit dem vom ausgesetzten Königssohn identifizieren, der unter Wildhütern und Köhlern aufwuchs, um irgendwann als Herrscher an den Königshof zurückzukehren. Kein Wunder, wenn ich plötzlich im Erbprinzen absteige.

Omi ist lebendig: Der Tante hatte ich zum Geburtstag eine Flasche Portwein mitgebracht. Omi hat immer Portwein getrunken. Das Geschenk kommt aus einer falschen Welt: Im Hause der Tante darf kein Alkohol sein, der Schwiegersohn ist trockener Alkoholiker. Nach Omis Tod fing ich an zu essen und nach und nach dick zu werden, rekonstruiere ich aus dem letzten Brief meiner Mutter an den Vater. Habe ich dreißig Jahre lang Trauerspeck gesammelt?

Ist Vater auch so lebendig? Wahr ist er nur in meiner Phantasie. Er besitzt die Realität eines Geistes. Auch Geister haben ihre Geschichte: Spukgeschichten. Die Gespinste kommen stets zurück. Ich erschrecke, sobald mein Bruder am Telefon ist. Am liebsten würde ich ausrufen: »Das geht nicht, der ist doch nicht real. Mit dem kann ich gar nicht sprechen.«

Noch war ich kaum wütend auf Vater. In der ersten Live-Sendung, in der ich mit Ute Remus im WDR über meine Vaterlosigkeit spreche, betrauere ich nur meinen Verlust, vermag meine Stimme kaum zu kontrollieren. Meine Leere ist aufgewühlt, die Trauer stampft Löcher in meine Sätze. Eine vaterlose Anruferin wütet herum gegen ihren Vater, den »schnellen Täter«. Ihr Leben wäre völlig anders verlaufen, wenn er bei ihrer Mutter geblieben wäre. Ja, meines auch, denke ich, und bin dabei so ganz ohne Zorn.

Mein tschechischer Freund taucht in den Trauerbildern auf. Als ich in Prag ins Gefängnis kam, hatte ich unsägliche Sehnsucht nach ihm. Er antwortete distanziert auf meine Briefe, beklagte die intime Nähe meiner Worte wegen der Zensoren. Ich war verletzt und wütend. Männer dürfen mich nie mehr enttäuschen, das ist Vaters Erbe. Als er sich mir wieder zuwandte, war es für mich zu spät. Ich hatte mich im Gefängnis von ihm gelöst, mich Frauen zugewandt. Habe ich aber um den Verlust meines Freundes getrauert, als ich ihn wegen meiner Ausweisung aus der ČSSR zwanzig Jahre nicht mehr treffen durfte?

Nein, Trauer habe ich stets vermieden. Das gehörte zur Pflicht der Tüchtigen. Trauern heißt nicht nur weinen, das kann ich ja. Zum Trauern gehört auch die Wut aufs Verlassenwerden. Hätte ich rechtzeitig trauern gelernt, übten Trennungen nicht so einen zerstörerischen Sog auf mich aus. Der zieht mich zurück zu meiner Mutter, die mich stets neu an sich binden will. Nach der Trennung von meiner Liebe versucht sie mich zu trösten: »Du hast ja mich. Ich habe dich doch auch lieb.«

Kann ich Leid nicht loslassen? Im Leid ist noch ein Stück der Liebe da. Der nächste Schritt führt ins Ungewisse. Ich müßte das einzige Gefühl, dessen ich mir sicher bin, aufgeben. Aber ist es wirklich das einzige, das mir geblieben ist?

Am Grab

Nach dem üppigen Frühstück, passend für einen Erbprinzen, fahre ich entlang der amerikanischen Kaserne zum Friedhof. Die Gärtnerei hat geschlossen, ich komme ohne Blumen, aber mit drei Halbedelsteinen, die ich auf dem Weihnachtsmarkt gefunden habe. Vielleicht macht der Blumenladen ja später noch auf.

Die Urnengräber seien von hinten durch eine Hecke links von der Leichenhalle her zu finden, schrieb mein jüngerer Bruder. Ich lese Grabplatte für Grabplatte. »Als ob das investigativer Journalismus wäre«, in mir grummelt es nach. Trotz der Beschreibung muß ich suchen. Bei einem Meter im Quadrat pro Urnengrab gibt es viele Tafeln zu lesen.

In der vorletzten Reihe finde ich schließlich den Namen meines Vaters in einer hohen steilen Schrift mit abgerundeten E's. Die Buchstaben sind auf dem nach Süden ausgerichteten Stein eingegraben wie auf einem Kopfkissen. Zwei mal drei Fingerspannen, messe ich ab, ist der Stein. Kein Geburtsdatum, kein Todesdatum findet sich darauf, als wäre Vaters Leben unbegrenzt. Oder nie gewesen.

Trotz seiner Südausrichtung liegt das Grab im Winter im Schatten. Zwölf Stiefmütterchen sind darauf. In Norddeutschland sind Stiefmütterchen keine Friedhofsblumen. »Hast du nicht einmal nach deinem Tode Sonne, bist du nach Ettlingen geschleppt worden, um hier stiefmütterlich behandelt zu werden«, wende ich mich an den Stein. Auf ihm liegt ein schmaler, feuchter Zapfen, wie ein brauner Wurm. Ich stecke ihn ein: »Das ist etwas, das du besessen hast, endlich habe ich etwas von dir.« Ich fahre mit ihm über meine Wange. Wie feuchter, weicher Stoppelbart fühlt er sich an. Meine Sehnsucht stuckt mich ein weiteres Mal in meine frühe Kindheit unter.

Kummer überfällt mich, bricht unvermutet aus mir heraus. »Ich sitze dir gegenüber, Vater, auf dem kalten, feuchten Boden«, jammernd rufe ich ihn an. »Du guckst auf die Hecke aus Lebensbaum. Ich muß spüren, wie du da liegst«, begebe mich in seine Blickhöhe, stelle, hocke mich auf seinen Grabstein. Wenigstens dort will ich dir nahe sein, wenn ich schon nicht auf deinen

Knien sitzen konnte. Unten am Boden, so nahe beim Vater, ist es kalt und feucht. Der grau-gelbe Himmel verschwindet hinter der Lebensbaumhecke. Die Wärme erreicht nur meinen Kopf, nicht meinen Körper. Um der Sonne näher zu kommen, muß ich wieder in die Höhe wachsen. Nur wenn ich stehe, spüre ich die Wärme, rieche die Birken und Nadelhölzer, erreicht mich das Leben. »Wenn ich auf deinem Stein stehe, bin ich noch größer«, sage ich voll kindlichem Stolz, als erwarte ich seine Bestätigung. »Vater, nimmst du mich jetzt als deine Tochter an?«

Ich spüre, wie mein Körper warm wird. Es ist wie eine Antwort. »Ich hätte dich so gern zu deinen Lebzeiten getroffen. Ich habe dich so lange gesucht. Muß ich dich so finden?« schreibe ich auf meine Visitenkarte. Meine Botschaft lege ich auf den Grabstein. »Vielleicht suchst du mich ja auch. Dann weißt du wenigstens, wo du mich erreichen kannst.« Mit dem blauen Lapislazuli beschwere ich die Karte. Er hat goldene Sterneneinschüsse. »Dann hast du Licht bei Nacht. Und den Blutstein, den Hämatiten, lasse ich dir, damit du genügend Kraft hast, um zu kommen.« Die Steine liegen über dem L und zwischen dem T und dem H. Vater, dein Vorname wird mir vertrauter. Nein, mit Steinen werfen könnte ich nicht nach deinem Grab, Vater.

»Einmal möchte ich es dir schön machen, warte, ich bin gleich wieder da«, vertröste ich den Grabstein und gehe noch einmal in Richtung Gärtnerei. Auf dem Weg begegnet mir eine schlanke, weißhaarige Dame. »Ist sie das?« frage ich mich. Am liebsten würde ich umkehren, um das Grab meines Vaters zu hüten. Kommt sie, um mir auch heute den Vater zu nehmen? Ich kehre um, bis ich beruhigt mitbekomme, daß die Frau einen anderen Weg einschlägt. Eine andere kommt. Ist es die? Ich zwinge mich weiterzugehen, ich kann ja nicht jede alte Frau mißtrauisch begleiten. »Ich kann dein Grab nicht gegen sie bewachen. Du hättest dich schon anders entscheiden müssen.«

Die Gärtnerei hat noch zu, ich entdecke keinen Hinweis, ob sie öffnen wird. Ich muß mir selbst helfen. Aus einem Grabgesteck nehme ich einen Mistelzweig, bedecke seinen Stein. Hier ist Mistel angebracht, die meiner Liebe ist zerborsten. »Vater, aber unsere Liebe währt ewiglich, sie ist kein Spiel. Dein Stein ist naß, wie voller Tränen. Weinst du auch? Sei nicht traurig, jetzt haben wir uns doch.« Die Ecken des Steins beginnen wie Augen als erste zu trocknen. Ich streichle ihn: »Nun brauchst du keine Tränen mehr?«

Ich pflücke den höchsten Zweig von der Lebensbaumhecke. »Einmal sollst du bekommen, worauf du immer voller Sehnsucht schauen mußtest.« Ich lege ihn zum Mistelzweig. Zusammen bedecken sie die Hälfte des Steins. Aus Mohn, weißer Heide, Fichte und Nelken suche ich ein Gesteck zusammen, um die Stiefmütterchen zu verbergen. »Nein«, erkläre ich, »das, was ich dir bringe, ist nicht neu. Aber es ist ganz von mir. Mein Schmerz ist ja auch nicht neu. Wenigstens verlasse ich dich nicht so bedürftig, wie ich dich fand.«

Der Stein trocknet weiter, obwohl sich der Himmel schon wieder bezieht. Ich versuche, Mistel und Lebensbaum zusammenzubinden, sie passen nicht zueinander. »Liebe und Leben waren für dich ja auch immer getrennt«, denke ich. »Wenn ich dich brauche, Vater, komme ich wieder. Vielleicht kommst du ja doch zu mir. Eigentlich wäre es an Dir, die nächsten Schritte zu tun.«

Der Traum

In der Nacht träume ich von den fehlenden Daten auf dem Grabstein. Jemand erklärt mir, früher sei für den Todestag eine Doppelzahl darauf gewesen: 1969 und 1973. 1973 stehe für den Umzug, als er nach Ettlingen gebracht wurde. Da sei er ein zweites Mal gestorben. Ich stehe als Hausherrin in einem Empfangssaal im ersten Stock eines großen Rathauses. Träger wollen den Sarg meines Vaters die Treppe herauftragen. Ich winke ab: »Nehmen Sie doch den Sargfahrstuhl.« Vater ist posthum zum Senator befördert worden. Deshalb hat er auch Anspruch, ein größeres Grab zu bekommen.

Morgens betrachte ich den Zapfen vom Grab. Er ist getrocknet, fühlt sich nicht mehr an wie nach einer Naßrasur, sondern stachlig wie nach durchwachten Nächten. Ich bin erleichtert und guter Dinge, möchte mich eine Weile nur mit mir auseinandersetzen. Obwohl niemand da ist, der mir das verwehrt, gerate ich unter Druck: Darf ich das denn, froh sein, wo ich doch auf die Rückkehr meiner Liebe hoffe? Mir kommt es vor, als hätte ich kein Recht, mit mir glücklich zu sein. Wieso eigentlich?

Ein ganz normaler Besuch

Als ich nach Weihnachten zum zweiten Besuch beim ältesten Bruder vorfahre, steht keiner hinter der Gardine. Unbemerkt komme ich bis zur Haustür, werde dort empfangen. »Warum habt ihr mir nichts gesagt«, tobt meine Nichte aus ihrem Zimmer. Sie wollte es ebenso aufregend gestalten wie beim letzten Mal. Ich übergebe meine Geschenke: Das Mädchen bekommt eine Tasche, der Sohn ein Buch über Greenpeace. Er strahlt. »Da hast du wohl das Richtige getroffen«, freut sich mein Bruder, »für Greenpeace interessiert er sich seit einiger Zeit.«

Die Küchenzeremonie ist nun bekannt, sie verläuft wie beim ersten Besuch. Beim Essen soll ich den Streit um den Hund schlichten. Die Tochter weiß einen, den sie haben könnte, aber mein Bruder ist dagegen. »Versuch es doch mal mit einem kleinen«, rate ich meiner kleinen Nichte. Vor großen hätte ich selber Angst. Nach dem Essen sind die Kinder verabredet. Die Tochter zögert zu gehen: »Aber wir haben doch Besuch«, mault sie. Meine Schwägerin besteht darauf, sie habe sich nun mal verabredet. Beim letzten Mal sei sie so häßlich zu der Freundin gewesen…

Mein Bruder schenkt mir ein Bild von sich. Er ist extra zum Fotografen gegangen. Ich bewundere ihn dafür, sonst läßt er sich nie knipsen. Die Schwägerin steckt mir Bilder von den Kindern zu, aber keines von sich.

Irgendwann nimmt sie mich zur Seite: »Ich weiß nicht, ob du es schon schaffst, negative Sachen von deinem Vater zu hören. Mit deinem Bruder habe ich die nicht besprochen, weil ich spüre, daß er ein positives Verhältnis zu seinem Vater hat.« Sie beschreibt, wie distanziert sie vom Vater aufgenommen wurde. Nie habe er sich offensiv auseinandergesetzt, sondern genau beobachtet und stets die Schwächen anderer ausgenutzt. Meist habe er mit seiner Bildung aufgetrumpft. Wärme habe sie als Schwiegertochter von ihm nicht erfahren. Lediglich als mein Bruder einmal eine Operation hatte und sie den Vater telefonisch informierte, habe der herzlich und besorgt reagiert.

»Und weil dir doch die Achtundsechziger so wichtig waren, muß ich dir eine Beobachtung beschreiben: Wir saßen alle zusammen vor dem Fernseher, als eine Demonstration gezeigt wurde, die von Polizisten zusammengeprügelt wurde. Das muß noch vor 1968 gewesen sein. Damals ist dein Vater aufgesprungen, hat geschrien und die Polizisten angefeuert: ›Haut druff‹.« Ich zucke zusammen, so als hätte Vater mir den Tod gewünscht. Meine Schwägerin fährt fort: »Mir war das so peinlich, daß ich am liebsten aus dem Zimmer gegangen wäre.«

Nach diesem zweiten Besuch entwickele ich die Kraft, mich auf den jüngeren einzustellen, beginne mich sogar auf ihn zu freuen. Meine Angst, mit Negativem konfrontiert zu werden, schwindet. Die Schwägerin hat den Anfang gemacht. Ich lasse den Gedanken zu: Der Vater meiner Träume ist der wohl nicht, den ich mir nach und nach zusammensetze. Mir dämmert, daß es nicht eine einzelne Handlung meines Vaters ist oder ein Satz, die mich enttäuschen, sondern daß ich die Liebe und Bestätigung, die ich als Kind gebraucht hätte und nach der ich mich bis heute verzehre, von ihm wohl nicht bekommen hätte. Was bedeutet das für all die Wünsche, die ich in mir habe aufsteigen lassen? War alles umsonst? Meine Schmerzen, die Trauer – die gab es wirklich. Ich habe ja etwas gefunden, nur das Unrealistisch-Kindliche meiner Erwartungen noch nicht überwunden.

Geburtstagsbesuch

Feiertage kann man sich nicht aussuchen, Geburtstage erst recht nicht. Der meiner Mutter kommt zu früh, ich bin noch zu sehr hin- und hergeschüttelt, um ihr unbefangen begegnen zu können. Nur kurz flackert in mir der Schein einer Liebe zu ihr auf, aber der ist unstet wie eine Kerze im Wind. Jeden Augenblick kann eine Bö das Licht ausblasen. Vater hält den Raum in mir noch besetzt.

Der Abend bei meiner Mutter ist kurz, ich komme spät an, wir gehen bald schlafen, am Samstag muß ich früh nach Ostberlin zur Gründung des Unabhängigen Frauenverbandes. Die Frauen sind weiter, als ich mir das habe träumen lassen. Durch den zusammenbrechenden Staat mußten sie schnell lernen. Sie setzen am Runden Tisch Forderungen durch, von denen wir seit zwanzig Jahren träumen.

Anschließend fahre ich zu einer Freundin. Vor ihrer Haustür bemerke ich, daß ich den Mantel in Ostberlin vergessen habe. Er hängt noch in der Garderobe des ehemaligen ZK der SED. Zusammen fahren wir über die Grenze. Früher hätte ich mindestens drei Tage rechnen müssen, um den Mantel wiederzubekommen. Die Freundin ist durch eine Chemotherapie schwach, sie hält sich mühsam aufrecht. Ich fürchte, daß es unser letztes Treffen ist. Ich berichte ihr von meinem Besuch am Grab meines Vaters. Außer den beiden Halbedelsteinen, die ich am Grab gelassen hatte, behielt ich einen Dritten bei mir, einen Kristall. Nach einigen Tagen, ich trug ihn in der Tasche, war sein Inneres gesprungen, entdeckte ich, daß der Stein die Form eines Herzens hatte: Mein gläsernes Herz. Es ist statt des meinen gesprungen, hat das richtige belebt. »Ich weiß, es hört sich ein wenig kitschig an«, entschuldige ich mich verlegen. »Nein, nein, die Geschichte ist wunderbar«, widerspricht sie mit Tränen in den Augen. »Ich gehe nur den umgekehrten Weg, um mich selbst zu finden.« Mein Erlebnis am Grab tröstet sie.

Am Geburtstagsmorgen sitzen wir am reich gedeckten Tisch. Meine Mutter hat eine jugoslawische Freundin dazugebeten. »Gestern mußte Sibylle sich erst einmal austoben«, erzählt sie der. Ich zucke zusammen, in ihrer Wahrnehmung bin ich ein Kind geblieben. Arbeit, der Besuch bei einer schwerkranken Freundin zählen nicht. Für meine Mutter tobe ich mich aus, so als sei ich gerade von einer Klettertour auf den Kirschbaum oder den Laternenpfahl zurückgekehrt. Der Freundin gelingt es, meine Mutter zum Strahlen zu bringen. »Es macht mir nichts aus, ihr fünf- oder zehnmal zu sagen, daß ich sie mag und daß du sie auch magst, es ihr nur nicht zeigen kannst, weil du ihr zu ähnlich bist«, erzählt sie, als ich sie zur Bahn fahre. »Ich hatte ja nie eine Mutter«, so stillt sie ihre Kindheitsbedürfnisse. Warum habe ich meine Mutter nur nie so zum Lachen bringen können?

Beim Geburtstagskaffee und -kuchen sprechen wir mit den Gästen über die DDR und die Immobilienkäufer dort. Ich will etwas über das Haus in Potsdam sagen, das meinen Brüdern gehört. Doch da bremse ich mich, kann den Verwandten meiner Mutter nichts von meinen Brüdern erzählen. Noch immer respektiere ich das Tabu. Aber ich weiß nicht mehr, in welche Familie ich gehöre.

In Potsdam

Meine Mutter sagt, daß sie gern noch einmal nach Potsdam will. Sie fragt nicht, ob ich sie begleite. »Mehr kann sie doch nicht tun«, deutet mir eine Freundin diesen Wunsch als Signal, »sie würde doch zusammenbrechen, wenn sie ihr Korsett aufgäbe.«

Bei strahlendem Sonnenschein fahren wir am Tag nach ihrem Geburtstag in Richtung Wannsee nach Potsdam. »Ich weiß gar nicht, wie die Straße hieß, wo ich früher mit deinem Vater gewohnt habe«, überlegt sie. »In der Lennéstraße«, helfe ich ihr. »Stimmt«, sie erinnert sich, als sie den Namen hört. »Und welche Nummer?« forscht sie weiter. »Das Haus mußt du schon selbst erkennen«, antworte ich. »Das ist aber unklug, daß du nicht nach der Nummer gefragt hast«, schiebt sie mir den schwarzen Peter zu. »Habe ich ja. Aber mein Bruder wußte sie nicht mehr.«

Wo die Lennéstraße und der Wall am Kiez liegen, lasse ich mir vom Grenzbeamten an der Glienicker Brücke erklären. Jugendliche drücken uns die ersten Nummern unabhängiger Potsdamer Zeitungen in die Hand, Ostpunker tragen bunte Mauerbrocken. Nach einigem Fragen, weil alle Stadtpläne ausverkauft sind, landen wir am Brandenburger Tor im Zentrum Potsdams. Von dort sollen es nur ein paar Schritte sein. »An die Stätte deiner Erzeugung«, meine Mutter kichert wie ein Backfisch.

Wir gehen die Lennéstraße entlang. »Es war schon damals ein Haus, das alt und vernachlässigt wirkte«, sucht sie sich zu erinnern. »In jedem Fall ist es vor der Jahrhundertwende gebaut.« Ich zeige ihr Häuser, die etwa 1890 entstanden sein könnten. »Nein, das ist es nicht.« Das nächste auch nicht. »Erinnerst du dich denn nicht an die Theaterklause hier, seid ihr nicht mal Essen gegangen«, versuche ich ihre Aufmerksamkeit auf ein auffallendes Gebäude zu lenken. »Wir hatten Krieg und auch kein Geld, Essen zu gehen. Das machten damals nur die ganz Reichen.« »Ihr könntet ja auch ein Bier getrunken haben…« Mich kränkt ihre blinde Sturheit.

»So ein Haus könnte es gewesen sein. Es hatte keinen Vorgarten und rechts und links war ein Haus angebaut.« Das Haus, auf das sie zeigt, ist aber ein Eckhaus. »Wir haben damals fast immer im Keller gesessen.« »Im Keller? Ich denke, du hast Potsdam nach dem ersten Angriff verlassen.« »Es gab ja immer Alarm«, erklärt sie. »Die Keller waren untereinander verbunden. Dein Vater hat damals gesagt: ›Das ist gut, dann können wir, wenn ein Haus einstürzt, über den Keller ins Nachbarhaus durchkommen.‹« Wenn es um den Krieg geht, wird ihre Sprache bildreich: »Der Krieg ging ja durch unser Bett.«

Ein paar Häuser weiter: »So große Fenster hatte das Haus nicht«, schließt sie ein weiteres aus, um auf drei sehr unterschiedliche Häuser zu weisen: »So eins könnte es gewesen sein. Die sehen ja alle gleich aus.« Noch ist die Straße nicht zu Ende, versuche ich ihr und mir Zeit zu geben. »Der Weg zum Luftschutzkeller war sehr weit. Also muß es ein hohes Haus gewesen sein.« Nun kommen nur noch die drei- bis vierstöckigen in Frage. Die Lennéstraße grenzt unmittelbar an den Park von

Sanssouci. Ich zeige auf das goldene Dach vom Teehaus: »Kannst du dich denn daran nicht erinnern?« Ihr Blick geht leer ins Weite. Sie zuckt die Schultern.

Auf dem Rückweg gehen wir Haus für Haus noch einmal ab. Meine Mutter wird nervös, beginnt ältere Menschen anzusprechen, ob sie Vaters Mutter kannten. »Wissen Sie, ich habe hier mal in der Straße gewohnt. Aber ich kann mich beim besten Willen nicht erinnern, in welchem Haus das gewesen sein kann.« Meine Mutter ist beredt, wenn es darum geht, von anderen etwas zu erfahren. Ich frage eine siebenundsiebzigjährige, die in der Straße aufgewachsen ist, ob sie früher vielleicht mit meinem Vater gespielt habe. Nein, da sei sie zu jung gewesen. Eine Frau mittleren Alters führt uns, rührend bemüht, zu einer noch älteren Dame. Aber die weiß auch nichts mehr.

Drei, vier Häuser sind Neubauten. »Da kann man ja lange suchen, wenn das Haus abgerissen wurde«, schimpft meine Mutter los. Um sie zu beruhigen, mache ich sie auf Abrißreste aufmerksam. »Da standen doch nur niedrige Häuser. Das sieht man an der Zeichnung auf der Brandmauer.« Eine Anwohnerin bestätigt meine Vermutung.

Der Gang erinnert mich an einen Lokaltermin mit der tschechischen Polizei, da mußte man auch immer sagen: »Hier war es nicht, das kenne ich nicht. Es könnte so ausgesehen haben.« Es ging darum, Kooperationswilligkeit zu zeigen, ohne etwas zu verraten. Prompt sagt meine Mutter auch noch: »Ich habe wirklich alles versucht. Aber du siehst ja, es geht nicht, ich kann mich nicht erinnern.«

»Ich habe mir ja schon zu Hause Gedanken gemacht«, entschuldigt sie sich. »Das einzige, woran ich mich erinnere, ist ein großes Tor.« Wir betreten die Hauseingänge mit großen Toren. »Ja«, sagt sie, »vom Tor ging es links ab zum Treppenhaus.« Davon gibt es mehrere. In jedem achten wir auf die Kellerzugänge. Auf dem Gehsteig fällt sie plötzlich, wimmert am Boden. Ihr Zeigefinger ist blutig. Als ich helfen will, jammert sie: »Laß mich einen Moment liegen, bis der Schmerz nachläßt.« Sie wischt mit dem Finger an der hellen Lederjacke entlang und auf den Rock. Nun trägt auch ihr Körper die blutigen Zeigemale.

Auf ihrer Nase zeichnet sich ein runder Sandfleck ab. Ich sehe das gefallene Mädchen vor mir, das es sich ein Leben lang verbot, den Verrat ihrer Liebe zu zeigen. Ich hebe sie auf, setze sie behutsam auf eine Tonne. »Hier gibt es ja nicht einmal eine Bank«, schimpft sie schon wieder auf den Osten.

»Soll ich das Auto holen?« biete ich an. »Nein«, sie ist plötzlich ganz klein: »Laß mich nicht allein.« Lieber geht sie nach einer Zigarettenpause die ganze Straße zu Fuß ab. Ein Haus von der anderen Straßenseite glaubt sie schon gesehen zu haben. Sie dreht sich um und weist auf das Haus, vor dem sie sich den blutigen Zeigefinger holte: »Hier könnte es gewesen sein.«

Beim Essen im Interconti erholt sich meine Mutter, blättert in Potsdam-Prospekten: »Was, es gab überhaupt nur einen großen Angriff auf Potsdam? Dann kann ich ja mein Weggehen datieren. Dann kann es ja nur an diesem 14. April gewesen sein. Denn zu Führers Geburtstag am 20. war ich schon wieder zu Hause, das weiß ich. Wir haben Opa damals ausgelacht, weil der immer noch glaubte, daß wir den Krieg gewinnen.« Von der Lennéstraße aus sei sie zu Fuß zum Bahnhof gegangen. »Ich habe mich an einem Kiosk vor den Bomben untergestellt.« »Dann war es also nicht nach der Brandbombe, als du gingst?« »Nein. Brandbomben haben wir damals gar nicht ernst genommen. Die haben wir nur weggeräumt. Damals ging dein Vater aber zum Haus seiner Frau, um ihr zu helfen.«

Wir fahren nach Hermannswerder, wie der Grenzbeamte geraten hat und suchen nach dem Wall am Kiez. Arbeiterinnen weisen aufs andere Havelufer: Der sei dort drüben, wir kämen mit der Fähre hin. Eine Frau will ebenfalls übersetzen. Nach kurzem Zögern steigt sie in den Mercedes meiner Mutter und leitet uns zum Parkplatz vor der Fähre. Unsere Begleiterin zahlt die Fähre: »Dann kann ich wenigstens einmal etwas für Sie tun.« Meine Mutter will ihr das Geld in West zurückgeben, die Frau lehnt ab. Ich schreite schnell ein: »Danke, wir nehmen das gern an.« Die Frau berät mit anderen, wo das Haus liegen könnte. Ich wende mich an sie: »Es ist eine Villa.« Vor uns sind nur Hochhausneubauten. »Wenn es ein altes Haus ist, dann ist es einfach. Davon stehen noch ein paar. Das ist am Bahndamm.« »Richtig«, fällt mir ein. »Von der Bahn war die Rede.« Hier sei sie nie gewesen, erläutert meine Mutter. Das Haus habe Vaters Frau von ihrer Familie geerbt. »Die kommt aus einer Goldschmiedfamilie«, sie rümpft verächtlich die Nase. »Es gehört ihr noch«, sage ich.

Vor den Villen verlassen uns die Frauen. Neugierig gehe ich um das zweistöckige Haus mit ausgebautem Dach herum. Im Erdgeschoß hat der Architekt jedes Fenster anders gestaltet, zum Garten gibt es einen großen, sonnigen Wintergarten. Die Fenster oben sind kleiner und einander gleich. Am Kellereingang zum Bahndamm hin lehnt ein Fahrrad. Daneben ist der Buddelkasten. Meine Brüder haben hier gespielt. Hierher gehört ihre Sehnsucht.

Aus einem Fenster im ersten Stock schaut ein Mann mittleren Alters. Als wir um das Haus gehen, folgt er uns von Fenster zu Fenster. Vielleicht wartet er schon auf die einstigen Besitzer, die jetzt alle ihr Eigentum anmelden. Eine alte Weide treibt ihr erstes Grün. Über den Zaun pflücke ich drei Äste, um sie zu pressen. Meine Mutter mahnt mich, nichts abzupflücken. Der Mann oben am Fenster aber ist freundlich. Er sagt, ich könne mir ruhig ein Stückchen mehr abmachen. »Die mußt du in ein Glas stellen, damit sie Wurzeln ziehen. Dein Bruder hat doch einen Garten?« meine Mutter muß wieder eingreifen. »Dann kannst du ihm ein Stück von der Weide aus dem Garten seines Vaters mitbringen.« Ich fühle mich bedrängt, obwohl alles gut gemeint ist.

»Wollen wir klingeln«, fragt sie. Nein, das möchte ich nicht. Vielleicht hätte ich es allein getan, so aber fällt es mir bereits schwer, mir alle Details einzuprägen, den Bogen über der Tür, die Form der Treppe. Ich muß noch einmal allein herkommen. Wenn meine Mutter dabei ist, komme ich an meine Gefühle nicht heran. Der Mann am Fenster atmet auf, als wir wieder in Richtung Fähre verschwinden.

Zum Abschluß fahren wir zum Schloß Sanssouci. Wir blicken von oben über den Park. Direkt gegenüber muß die Lennéstraße liegen. »Als Kind kam mir der Weg ungeheuer weit vor, wenn wir mit unseren Eltern hierher kamen«, erzählt sie. In mir krampft es sich zusammen. Warum erinnert sie sich an alles, nur nicht an das, was mich interessiert? »Die Lennéstraße grenzt doch direkt an den Park. Seid ihr denn nie spazierengegangen?« »Spazieren?«, fragt sie. »Es war doch Krieg, da ging man nicht spazieren. Da versuchte man nur, etwas zu essen zu bekommen.« »Aber vielleicht habt ihr Bäume gefällt«, ich versuche, mich auf die Kriegssituation einzustellen. »Ihr habt alle keine Vorstellungen von damals«, meine Mutter bügelt weitere Fragen ab. »Deshalb frage ich ja. Ich will doch wissen, wie es war.« »Ich habe dir immer alle Fragen beantwortet. Du mußt mir nur Fragen stellen.«

Meine Enttäuschung über den Tag läßt mich am Abend gereizt reagieren. Meine Mutter gerät unter Druck: »Ich habe dir doch alles gesagt über Riga, wie wir damals...« Leiernd beginnt sie alles aufzuzählen. Ich wehre ab. In dem Ton mag ich das nicht hören. Sie setzt noch einmal an: »Ich habe dir auch gesagt über Potsdam, wie wir damals...« Sie beginnt das Bekannte zu wiederholen. »Mutti, ich kann das so nicht. Ich komme mir vor wie ein Polizist beim Verhör, der sich ständig dasselbe anhört, um Widersprüche aufzudecken. Es strengt mich zu sehr an und macht mich nur traurig.« Für heute breche ich das Gespräch ab. Meine Mutter streckt mir von ihrer Couch aus verzweifelt ihre Hand hin. »Ich kann jetzt nicht.« Lieber gehe ich schlafen.

Stunden später erwache ich, höre sie noch leise herumlaufen. Mich packt ein Haßanfall: Wenn sie jetzt hereinkäme und noch einmal sagte, jetzt müsse endlich alles gut sein, ich weiß nicht, was ich täte. Glücklicherweise geht sie schlafen. Die Wut, die ich jahrzehntelang durch eine gedämpfte Gleichgültigkeit von mir ferngehalten habe, weil ich negative Gefühle für meine Mutter nie zugelassen habe, tut gut. Sie verbrennt meine Enttäuschung. Die wird nicht mehr an mir zehren können. Beim Frühstück kann ich wieder freundlich sein.

Zum Abschied sagt sie plötzlich: »Habe ich dir eigentlich erzählt, daß wir in Riga ein Haus am Meer hatten?« »Nein, das hast du nicht.« »Es war ein ganz einfaches Haus, so wie sie dort üblich waren, gerade mit Tisch und Stuhl eingerichtet. Man konnte von dort aus direkt in der Ostsee baden. Ich weiß nicht, woher dein Vater das Haus hatte.« Meine Mutter teilt mir das zu wie einen Bonbon. Kinder, denen man Bonbons schenkt, kommen wieder.

Der negative Vater

»Wo hältst du eigentlich deinen Vortrag?« mein jüngerer Bruder bedrängt mich am Telefon immer wieder mit dieser Frage. Widerstrebend nenne ich ihm den Ort. Je näher der Tag meiner Reise kommt, desto unwohler fühle ich mich bei dem Gedanken, daß mein Bruder im Publikum sitzt, und ich nicht weiß, wer er ist. Wie selbstverständlich gehe ich davon aus, daß er sich mir erst nach dem Vortrag vorstellen wird. Ich befürchte, die Unsicherheit, die meinen Vater betrifft, auf das Thema zu übertragen. Vorsichtig deute ich an, daß ich nach dem Vortrag keine Zeit hätte, meistens kämen dann noch Frauen, um sich Rat zu holen.

Als ich den Bruder in seiner Versicherung anrufe, um ihm endlich das Hotel zu nennen, wo er mich am Morgen abholen soll, spüre ich, wie er nach Luft schnappt, als er meine Stimme so unerwartet hört. Nicht nur ich habe Angst vor unserer Begegnung, das macht mich gelassener. Er läßt durchblicken, daß ihm der Vortragsort nicht behagt, wünscht mir alles Gute für den Abend. Ich atme angesichts der indirekten Absage auf, stoße mich an der Abwertung. Aber wie hätte ich einen Bruder aushalten sollen, Vater kam ja auch nie, wenn ich an die Öffentlichkeit ging. Oder habe ich Angst davor, daß meine Wünsche in Erfüllung gehen?

Am verabredeten Morgen frühstücke ich seelenruhig im Hotel. Kurz vor zehn gehe ich in mein Zimmer zurück, greife zu einem Buch. Merkwürdig, um Viertel nach zehn hat er noch nicht angerufen. Aber ich kenne ja meinen Bruder nicht, weiß nicht, ob er pünktlich ist. Mich fesselt das Buch, so ist das Warten nicht schlimm. Um halb elf immer noch nichts. Langsam werde ich unruhig, lese weiter. Irgendwann klingelt der Apparat neben dem Hotelbett: »Du bist ja doch da«, höre ich ihn aus der Rezeption: »Ich warte hier unten schon eine Dreiviertelstunde.« »Gut, dann komme ich runter«, greife nach meiner Jacke und der fertig gepackten Tasche. Die Rezeption hat einen falschen Schlüssel über mein Fach gehängt. Deshalb hat mein Bruder die Auskunft bekommen, ich sei weggegangen. Ich werfe der Frau hinter dem Empfang einen wütenden Blick zu. Sie entschuldigt sich, sie hätten es gerade erst bemerkt und sofort Bescheid gesagt. Sei's drum, die Zeit läßt sich nicht einholen.

Wir schlendern durch die Altstadt. Mein Bruder zeigt mir alle Touristenecken, erklärt mir die Burg und die Höhe der Türme. Er weiß gut Bescheid. Früher sei er einmal in einem Schüleraustausch in Frankreich gewesen. Aus Dank habe er jahrelang Gruppen herumgeführt. Er habe ja nicht wissen können, ob er noch einmal dorthin kommen werde. Er lächelt etwas schüchtern, als bitte er um Verständnis, daß er so wenig vom Leben erwartet.

Wir tasten uns im Gespräch vor. Wie denn seine Familie die Nachricht meines Kommens aufgenommen habe, will ich wissen. »Mein Sohn hat als erstes festgestellt: ›Jetzt kann dich dein Bruder wenigstens nicht mehr Kleiner nennen.‹« Nun sei er ja der Mittlere. Ich schmunzele: Die Kleine bin nun ich. Vorsichtig beobachte ich ihn, ziehe Vergleiche zwischen meinem und seinem Gesicht. Seins ist schmaler, sein Körper ist drahtiger. Auf alten Bildern sieht Vater auch so aus. Unsere Haarfarbe ist ähnlich, wie der Vater hat er nur noch wenig Haare auf dem Kopf. Daß wir trotz der Familienähnlichkeit auch verschieden sind, erleichtert mich. Der Gedanke, ich könnte einen männlichen Zwilling haben, ist mir fremd. Im Gespräch ist mein Bruder längst nicht so ruppig, wie ich es nach seinen Briefen befürchtete.

Die Frau meines Bruders will uns nach einem Nähkurs treffen. Als wir neben einer alten Kirche eine Viertelstunde auf sie warten müssen, klagt er: »Heute ist offenbar mein Wartetag.« Während wir herumstehen, kann er kaum noch mit mir reden. Plagen ihn Verlassenheitsängste? Ist er mir auch darin ähnlich? Als seine Frau zu uns stößt, breitet sich ihre Lebendigkeit aus, ihn spüre ich kaum noch. Rasch will sie noch im Kaufhaus nach ein paar Strümpfen sehen, zieht uns hinein in den Kaufhausstrudel. Danach – in der U-Bahn – erkundigt sie sich ausgiebig nach meiner Veranstaltung.

Kaum betreten wir das Haus meines Bruders, überfällt mich ein unbekanntes Neidgefühl auf all die Frauen, die Vaters Namen tragen. Nur ich, die Tochter, darf das nicht. Mein Name grenzt mich aus. Ich gehöre nirgendwo hin, nicht in meine Familie, deren Name mir in der Kindheit genommen wurde, nicht in die meines Vaters.

Die Kinder meines Bruders kommen aus der Schule, die Familie stürzt in die Küche. Das Essen wird gemeinsam gerichtet. Etwas verloren bleibe ich auf der Terrasse zurück. Meine Schwägerin hat Hauswirtschaft gelernt. Bei ihr packen alle an. Die Vorbereitungen laufen zügig, nehmen viele Personen in Beschlag. Eine Abwaschmaschine gibt es aus Umweltgründen nicht. »Wir sind ja genügend Personen«, heißt es. Mein Bruder hilft. Er trägt eine braune Kunstlederschürze, die mit einer Messingkette zusammengehalten wird. Im Haushaltstrubel geht jedes Gespräch unter.

Beim gemeinsamen makrobiotischen Mittagessen, es gibt viele Salate mit leckeren Soßen, werde ich meine Fragen nicht los. Dann muß mein Bruder das Auto vom TÜV holen. Er müsse mich ja morgen früh zum Flughafen bringen. Dazu nimmt er – aus Umweltgründen – die U-Bahn. Inzwischen knüpfe ich den Kontakt zu meiner Schwägerin, lasse mir erklären, wie sie ihre Kochkurse für Männer durchführt. Mir kommt es vor, als könne ich den Bruder nur über sie erreichen. »Er ist der unabhängigste von den Männern in der Familie«, versichert sie. »Er hat am meisten rebelliert.« Wieder ist es die Schwägerin, die mir am offensten die Familienähnlichkeit bescheinigt: »Du kommst wirklich sehr nach der Familie deines Vaters.«

Nach gut anderthalb Stunden höre ich vom Dachzimmer aus, wohin ich mich zum Ausruhen zurückgezogen habe, die Stimme des Bruders im Treppenhaus. Ich will ihm entgegengehen. Als ich aus dem zweiten Stock unten bin, treffe ich meine Schwägerin. Die zögert: »Er hatte die Schecks vergessen. Er mußte noch einmal los.« Ich frage sie, ob er Angst vor der Begegnung hat.

Als mein Bruder endlich kommt – dieses Mal hat er nicht einmal die Bahn genommen, sondern ist gerannt, weil keine kam –, ist er gut gelaunt. Der Spurt hat ihn entspannt. Wir trinken gemeinsam Kaffee, er freut sich, daß wir auf ihn gewartet haben. Irgendwann ruft jemand an. Mir gefällt die unverkrampfte Art, wie er mit der Frau am Telefon redet. Er wirkt offen, teilt mit, was im Hause läuft, erkundigt sich. Ich überlege, ob er mit einer Bekannten oder mit einer Freundin seiner Tochter redet. Irgendwann verabschiedet er sich: »Tschüs, Mom!« Daß ich neben dem Telefon sitze, hat er nicht gesagt.

Endlich gibt er mir doch etwas Raum zum Fragen. Beim Erzählen ist er vorsichtig, seit ich ihm mitgeteilt habe, daß ich über meine Vatersuche schreiben werde. Er wolle nicht nur Schlechtes sagen. Trotz seiner Haltung zum Vater sei ihm die Familienehre wichtig. Der ältere hatte meinen Buchplan begrüßt: »So ein Buch ist längst überfällig.«

Ich frage nach den indirekten Widerstandshandlungen des Vaters gegen den Nationalsozialismus. Mein jüngerer Bruder wirft mir einen erstaunten Blick zu: »Mein Vater«, er korrigiert sich, »unser Vater war immer ein Faschist. Er war bis zu seinem Lebensende Antisemit.« Wie das denn zu vereinbaren sei mit dem geretteten kaukasischen Judenstamm? »Nichts ist einfacher für einen Beamten, als die Verwaltung auf einen Fehler aufmerksam zu machen. Das war ja ungefährlich für ihn.« Und die verbotene Literatur? »So eng war er nicht, daß er alles glaubte, was die sagten. Bei uns zu Hause hing immer ein Bild eines sogenannten entarteten Künstlers.« Mein Bruder fällt harte Urteile.

Vater war autoritär, mein Bruder hatte damit Probleme. Ein Wirtschaftsgymnasium, auf das er wollte, durfte er nicht besuchen. »Es hätte schon ein humanistisches sein müssen. Daß man das mit mir nicht machen konnte, sah er schon ein.« So wurde es etwas dazwischen. Aber auch dort gab mein Bruder so lange weiße Blätter ab, bis alle merkten, daß etwas nicht stimmte. Er flog von der Schule. Aber daß der Vater nicht mehr mitbekam, daß er sein Studium doch noch beendet hat, wurmt ihn bis heute. »Na«, tröste ich, »er wußte ja, daß du studierst.« Vor Karriere und intellektueller Arroganz empfindet er einen Horror. »Ich habe halt gesehen, was dahintersteckt«, rechtfertigt er sich. Dem Vater wirft er vor, daß er nicht das gelebt habe, was er von seinen Söhnen erwartete: »Für mich war es ein absoluter Schock, als ich damals mitbekam, daß es dich gibt.

Für uns durfte so etwas wie Mädchen doch überhaupt nicht existieren.«

Ob sie als Jungen geprügelt wurden, will ich wissen. »Ja, schon«, zögert er. Aber das sei immer gerechtfertigt gewesen. »Da bist du auf dem falschen Dampfer«, vermutet er eine Absicht hinter meiner Frage. Ob es die Mutter oder der Vater war? »Beide.« Seine Mutter entschuldigt er sofort: »Was sollte eine Frau denn damals allein mit zwei Buben anfangen?« Als er spürt, daß ich mir die Situation vorzustellen versuche, wird er vorsichtiger: »Aber wir waren ja Jungen. Wenn es ein Mädchen getroffen hätte, hätten wir das als ungerecht empfunden.«

»Und der Alkohol – irgendwann hat Vater doch aufgehört zu trinken?« Mein Bruder wirft mir erneut seinen erstaunten Blick zu. »Nein, der hat bis zu seinem Lebensende getrunken.« »Was hat er dann getan?« »Die einen jammern, die anderen grölen.« »Und was hat Vater gemacht?« »Der gehörte zu den Jammerern.« Das Schlimme sei gewesen, daß er nach solchen Tagen jede Selbstachtung verloren hatte. Dann habe er nur noch geklagt. »Warum hat deine Mutter ihn nicht verlassen?« forsche ich weiter. »Das hätte alles nur noch schlimmer gemacht. Spätestens dann wäre er vollständig dem Alkohol verfallen. Er hätte sofort seine gesamte berufliche Existenz aufs Spiel gesetzt.« So aber habe er sich nur nach und nach gefährdet. Die Mutter sei mit den beiden Söhnen finanziell vom Vater abhängig gewesen, ihr Besitz lag ja in der DDR.

Vorsichtig gibt mir mein Bruder ein Signal. Seine Mutter habe ihm das mit dem Selbstmordversuch auch erzählt. Zum erstenmal verläßt mich die Kraft, weiter nachzufragen. Ich habe Angst vor dem Thema, zu dick stecke ich mitten in meiner Trennung, habe Angst vor eigenen Kurzschlüssen.

Erinnerungssplitter an Riga. Daß die Wohnung so groß war, daß man darin Fahrrad fahren konnte, weiß er noch. Der Portier habe es ihm erzählt. Einst hätten Juden darin gelebt. »Meine Mutter hat aber gesagt, daß sie früher von einem Minister bewohnt war«, wende ich ein. Nein, korrigiert mein Bruder. Seine Mutter habe in einem Schreibtisch Papiere gefunden, aus denen das klar hervorging. Ich resigniere. Wieder einmal habe ich von meiner Mutter etwas Falsches erfahren. Es ist schwer, dieser Enttäuschung immer neu zu begegnen.

»Meine Mutter hat aber gesagt, daß nur die allerhöchsten Chargen ihre Ehefrauen mitbringen durften.« Mein Bruder wird aufmerksam. Vaters nationalsozialistische Vergangenheit ist ihm ein Problem. »Das waren wahrscheinlich Beziehungen. Mit denen konnte man ja alles erreichen.« Mir kommt es vor, als ob er sich damit selbst beruhigt.

Sogar an das Strandhäuschen erinnert sich mein Bruder: Einmal seien alle Sachen dort herausgeklaut worden. Nach einer Razzia habe seine Mutter das Gestohlene in einem Depot identifiziert und wiederbekommen. Etwas schief blickt mein Bruder zu seiner Frau hinüber: »Ich erinnere mich halt immer nur an die negativen Seiten«, entschuldigt er sich. Positiv kommt ihm nur das Spielen in der Buddelkiste neben der Potsdamer Villa in den Sinn.

Was war die Großmutter für eine Frau? »Ihre Familie waren Bauern aus Masuren.« Masuren, nicht Ostpreußen? Die Großmutter habe polnisch gesprochen und sei stolz auf ihre masurische Herkunft gewesen. Auch der Bruder hat Fragen, die ich ihm zuallerletzt beantworten kann: »Ich habe nicht verstanden, warum sie so schlecht über die zweite Großmutter gesprochen hat.« Der älteste Bruder hatte die Großmutter mütterlicherseits als besonders streng in Erinnerung.

Als der Jüngere zusammen mit dem Älteren in den Westen kam, hat er den Vater nicht mehr erkannt. »Wir sind ganz legal mit einem Rot-Kreuz-Bus gekommen. Aber vielleicht stimmt das ja auch nicht. Als wir ankamen, habe ich getan, was mir immer geraten wurde, wenn mich ein fremder Mann anspricht.« »Was ist das?« »Weglaufen und schreien.« Der ältere habe den Vater wiedererkannt. Beide Brüder, auch wenn sie den Vater schließlich wiederbekamen, sind als Kinder ähnlich vaterlos aufgewachsen wie ich. Aber eben doch anders. Sie mußten unseren Vater später als den ihren akzeptieren. Auch seine negativen Seiten. Ihn ablehnen, wie ich es beim Stiefvater konnte, ging nur, indem sie einen Teil von sich verleugneten.

Obwohl mein jüngerer Bruder versicherte, er habe nichts vom

Vater aufbewahrt, holt er plötzlich ein Gedicht hervor, das Vater über ihn auf einer Reise nach Österreich gemacht hat. Ich sehe die Kinderschrift meines Bruders, leicht verwackelt durch die Zugfahrt. Er hat das Gedicht mitgeschrieben. Jeder größere Absatz ist durch einen Haken markiert. Offenbar hat Vater seine Reime Vers für Vers auf Schreibfehler durchgelesen. Ich ziehe mich an den Eßtisch zurück. Vers um Vers lese ich.

Die Alpenreise des armen Boff

Hört ihr Leute fern und nah,
was dem armen Boff geschah,
was ihm alles widerfuhr
auf der ersten Alpentour.

Abends startet im bequemen
Alpenvereinszug er in Bremen.
In Salzburg steigt er erstmals um,
in Spittal / Drau hinwiederum.

Doch auch nach vierundzwanzig Stunden
hat diese Qual kein End' gefunden.
Denn er stellt fest mit viel Verdruß,
er muß noch weiter mit dem Bus.

Von Lienz fährt er in die Höh'
und landet am Tristacher See.
Und hier begann, wie weit und breit
bekannt ist, seine Leidenszeit.

Die Unterkunft war schon ganz schofel,
als Zimmer kriegt er einen Kofel,
erreichbar über eine Stiege,
die kaum geeignet für 'ne Ziege.

Als Tags darauf er essen will,
steht ihm vor Schreck das Herz fast still.
Er sieht in Jaufers Pension
ist leider klein die Portion.

Er denkt bei sich: Dies bißchen Essen
ist ja vom Ansehen fast gegessen.
Die Butter mit der Lupe suchen.
Das Brot ist selten wie sonst Kuchen.

Er meint, daß für so teures Geld,
er etwas bess'res hätt bestellt.

Er möchte schnell von hinnen flüchten,
doch glückt ihm dieser Plan mitnichten.
Denn knurrend mit gesträubtem Fell
naht Karo sich mit viel Gebell.

Tröstlich bleibt für ihn jetzt nur
der Genuß von der Natur.
Die Lienzer Dolomiten
sollen hier verschied'nes bieten.

Matten, Seen, Bergeshöhn –
alles prima anzusehen.
Doch die Freude war verfrüht
wie der Leser alsbald sieht.

Eigentlich wollt' Boff jetzt schwimmen,
doch das darf er nicht bestimmen.
Auf die Berge, Pässe, Hütten,
rauf muß er, da hilft kein Bitten.

Er steigt im Schweiß des Angesichts
doch oben sieht er leider nichts.
Wo jemals könnt' ein Ausblick sein,
hüllt sich die Welt in Nebel ein.

Drum schreibt in jedes Hüttenbuch
der den altbekannten Spruch:
»Große Steine, kleine Steine,
müde Beine, Aussicht keine.«

Vers um Vers begleitet Vater die Reise des armen Boff. Jede
Blume, die bestimmt wird, taucht auf, jede Wolke, jeder Nebel-

schwaden, das Schwimmen auf einem Balken und das Pauken von Lateinvokabeln, die der Vater abfragt. Selbst die Gleisnummern beim Umsteigen bei dreißig Grad im Schatten sind in dem seitenlangen Gedicht verzeichnet.

Ich brauche ewig, bis ich die Verse aufgenommen habe. Mein Bruder und die Schwägerin werden schon ungeduldig. Aber ich will diese Zeit für mich haben, denn noch einmal bekomme ich ein Ähnlichkeitsgeschenk. Wenn es mir gut geht, mache auch ich spontan Knittelverse. Ich versuche mir einen Vater vorzustellen, der für mich einen ganzen Urlaub hindurch reimt. »Wie war das für dich, wenn du so im Zentrum der Aufmerksamkeit standest?« will ich wissen. Er zuckt die Schultern. »Normal.« Mein Bruder sieht nur den negativen Gehalt der Verse. Er habe sich erst sehr viel später klargemacht, daß der Vater wohl lieber an die See wollte und deshalb alles so negativ beschrieb.

Während ich noch lese, registriere ich eine Veränderung bei mir: Hätte ich das Gedicht vom Boff zu Beginn meiner Vatersuche bekommen, es hätte mich schier aus der Fassung gebracht. Auf einmal kann ich unterscheiden: Das war das Leben meines Bruders, das hatte ich nicht – leider und Gott sei Dank zugleich. Ich aber hatte mein eigenes Kinderleben mit anderen positiven und negativen Erinnerungen.

»Hast du noch mehr von Vater? Falls du noch etwas findest, was Vater gehört hat und du es nicht mehr brauchst, würde ich mich freuen, wenn du es mir gibst.« Im Augenblick besitze er nichts. Mein Bruder reagiert betroffen. Ihm kommt der mögliche Tod seiner Mutter in den Sinn: »Du sollst reichlich bedacht werden«, verspricht er. An seine Mutter hatte ich nicht einmal gedacht.

»Übrigens, ich war neulich in Potsdam«, berichte ich. »Das ist eine wunde Stelle bei mir«, reagiert mein Bruder. Er war noch nicht wieder dort. Anfang Mai will er fahren, falls seine Frau ein Visum bekommt. »Aber am Wall am Kiez halte ich mich nur ganz kurz auf. Mir ist das unangenehm, dort plötzlich als Eigentümer aufzutauchen.« »Und ich hatte immer gehofft, daß ich mich eines Tages bei euch einmieten kann«, gebe ich enttäuscht etwas mir selbst noch Unbewußtes preis. Nein, am liebsten

würde er das Haus lossein und sich vom Staat entschädigen lassen. Als ich frage, ob ich mich dieser Familienreise anschließen
könne, damit er mir zeigt, was Mutti nicht schaffte, überschreite
ich eine Grenze. »Wo willst du denn wohnen«, fragt mein Bruder zunächst ganz praktisch nach. Dann befindet er: »Aber ich
habe doch gesagt, daß ich mich am Wall am Kiez nur kurz aufhalten werde. Alles andere ist für dich nicht interessant.«

Am Abend falle ich früh todmüde ins Bett. Es ist die Müdig-
keit, die mich überkommt, wenn ich emotional überfordert bin.
Für diesen Bruder hatte ich nicht genügend Zeit. Ich habe nicht
alles fragen können. Es hat mich so viel Kraft gekostet, so daß ich
mich selbst ihm kaum öffnen konnte. Doch lädt er mich für ein
zweites Mal ein. Wenn ich wieder in der Stadt sei, solle ich doch
vorbeikommen, verabschieden mich mein Bruder und seine
Frau am Flughafen.

Schluß und Neubeginn

Meine Liebe und ich scheitern. Unsere Beziehung sofort in eine
Freundschaft zu verwandeln, gelingt uns nicht. Die Nähe zwischen uns brennt wie die Sonne, versengt die Haut. Sie läßt sich
nicht zügeln, nicht wegregeln. Meine Verlustangst droht, ein
Dauerschmerz zu werden, ihre Unentschiedenheit zu einem
ständigen Pendeln. Nur wird die Nähe nicht mehr eingelöst, sie
bleibt in der Andeutung ein Versprechen. Sie erzählt mir aus Ga-
briel Garcia Marquez' Roman »Die Liebe in den Zeiten der Cho-
lera«, in dem sich die Liebenden als Siebzigjährige wiederbegeg-
nen. Soll ich so lange warten, bis sie sich besinnt?

Den Urlaub verbringt sie erstmals wieder mit ihrem Freund in
Italien. Wir trennen uns in einem bitteren Streit. Ich ziehe mich
aufs Land zurück, schreibe die erste Fassung meines Buches. Immerhin: ich kann wieder arbeiten, aufarbeiten. Ich bleibe nicht
mehr wert- und wehrlos wie bisher zurück.

Auf der Fahrt durch Neapel wird ihr Auto von hinten von
einem zu schnell fahrenden Lastwagen überrollt. Ihr Freund

sitzt am Steuer, hat den LKW hinter sich nicht gesehen. Ohnmächtig wird meine Liebe ins Krankenhaus eingeliefert. Als sie wieder zum Bewußtsein kommt, weiß sie nur noch ihren Namen und ihre Adresse.

Ich erfahre es erst, als sie wieder in Bonn ist. Sie sei »unschuldig erwischt worden«, es sei wie eine Art Neugeburt gewesen. Als sie mir davon in einem Restaurant berichtet ist sie fast wieder gesund, auch ihr Freund hat nur einen Schock bekommen. Für ihn sei alles viel schlimmer gewesen, denn er habe ja mitansehen müssen, wie sie aus dem Auto herausgeschnitten werden mußte und wie es aus ihrem Kopf geblutet habe. Aus ihr höre ich nur das kleine Mädchen, das sich an ihren Beschützer anlehnt.

Ihre Hilflosigkeit wehre ich körperlich ab, sie macht mich wütend. Meine Worte suchen ratlos nach Verbindungen. Sie mißraten alle. Ich hadere mit mir, streite mit ihr, daß wir einander verloren haben. Kurz darauf schreibe ich ihr meinen Trennungsbrief.

Und siehe da: Ich brauche das Verlassenwerden nun nicht mehr wie einen Spürhund an meiner Seite. Mein Vater ist nicht mehr der alles verschlingende Niemand, dem ich sehnsüchtig überall hinfolge. Der Teil, den ich für mein Leben von ihm brauche, ist längst in mir. Als ich das für mich kläre, kann ich vom Abgrund zurücktreten, klammere nicht mehr an dem, was von meiner Liebe doch nicht kommt. Die Beziehung zu meiner Liebe, ihr Leben hat sich verwandelt in etwas, an dem ich nicht teilhaben möchte. Meine Netze gegen den Absturz sind gespannt. Ich falle nicht.

Monate später entdecke ich eine weitere Parallele: Das Gefühl, daß sie beinahe gestorben wäre, konnte ich nicht an mich heranlassen. Vor mir sehe ich Vater in seinem zertrümmerten Wagen, den seine Frau gesteuert hat. Sie hatte das gegnerische Fahrzeug nicht gesehen. Meine Liebe hätte sterben können wie er – an den Unfallfolgen eines unbewußt inszenierten kollektiven Selbstmordes, initiiert vom Lebenspartner. Und mein Vater hat nach dem Unfall in seinen Tod eingewilligt.

An der Grenze des Todes höre ich auf zu kämpfen. Der mögliche Tod ist für mich auch das Signal: bis hierher und nicht weiter. Ich akzeptiere endlich, daß meine Mutter die Beziehung zu meinem Vater nach seinem Selbstmordversuch beendet hat. Damals war auch für sie die Grenze zur Selbstaufgabe überschritten.

Noch etwas hat sich geändert: Der Schmerz des Wiedererlebens, den ich während meiner Vatersuche erlebt habe, hat meine Mutter erreicht. Ein paar Auszüge aus dem Buch habe ich ihr vorab geschickt. Ob sie danach den Kontakt zu mir abbrechen würde oder mir verwehren, aus ihren Briefen zu zitieren, ahne ich nicht. Aber auch meine Mutter erlebt ihren alten Schmerz am Vater neu. Und sie erinnert plötzlich auch die Freude. Am Telefon ist sie wie belebt. Es ist, als hätte ich ihr einen Teil des eigenen Aufarbeitens abgenommen. Gerade hat sie gesagt: »Ich bin dir so nahe, wie all die Jahre noch nie.« Sie will nun reden. Vielleicht finden wir einen neuen Anfang.

Die Entnazifizierung

Die letzte Station meiner Vatersuche schiebe ich bis zuletzt vor mir her. Im Hannoveraner Staatsarchiv will ich die Entnazifizierungsakte meines Vaters einsehen. Der Zugang zum Archiv ist längst genehmigt, und doch schiebe ich dringende Arbeiten vor, die erledigt werden wollen. Mich packt eine Abschieds- und Endzeitstimmung: Was werde ich dort über Vater erfahren? Was hat er getan? Gibt es etwas, was die Brüder nicht wissen? Was mich dort erwartet, ich will es eigentlich nicht wissen – mein positives Vaterbild könnte ja ins Wanken kommen. Ängstlich befrage ich ihn: »Vater, sag mir ehrlich: Was hast du in Lettland getan? Warst du wirklich nur der Beamte, der verstaatlichte Wirtschaftsunternehmen in Privatbesitz überführte?«

Ich bereite mich aufs Schlimmste vor, blättere in dem Buch »Judenmord in Lettland«, erfahre, daß der Privatbesitz der Juden sofort nach der sowjetischen Besetzung im Sommer 1940 verstaatlicht wurde. Wie makaber, ich nehme das mit Erleichterung auf. Wenigstens hat Vater den Juden ihren Besitz nicht abgenommen. In Riga haben 47 Prozent der neunzigtausend Juden Lettlands gewohnt. Neben den Russen bildeten sie die zweitgrößte Minderheit. Als die Deutschen kamen, flohen nur zehn Prozent. Die übrigen verhielten sich so, als hätten sie von den Vernichtungen nichts gehört oder den Zeitungen nicht geglaubt. Während ich schreibe, zeigt das Fernsehen einen Beitrag von Lea Rosh über die Juden in Riga. »Warum sind Sie geblieben«, will sie von einem Überlebenden erfahren. »Es stand doch alles in Ihren Zeitungen.« »Die Deutschen sind ein Kulturvolk«, seine Mutter sei damals überzeugt gewesen, antwortete er. Deshalb seien sie geblieben.

Mit den Judenverfolgungen haben lettische faschistische Gruppen begonnen. Die deutschen Besatzer übernahmen bald das Kommando. »Das Zentrum des Terrors in Riga war das Polizeipräsidium. Im Hof pferchte man Hunderte von Juden zusammen und belustigte sich an ihnen, man prügelte sie bis aufs Blut oder zu Tode, trat sie mit den Füßen, ließ sie Treppen hinauf- und hinunterlaufen, zauste alte Männer an den Bärten oder zwang sie mit den Bärten oder mit Zahnbürsten das Pflaster zu reinigen oder Schuhe zu putzen. Frauen mußten sich entkleiden, man verspottete und vergewaltigte sie. Einen Teil der hier zusammengetriebenen Menschen brachte man danach in das Rigaer Zentralgefängnis oder in die Wälder in der Umgebung der Stadt und erschoß sie dort«, lese ich im »Judenmord in Lettland«. Bilder der nackten Frauen vor den offenen Massengräbern in Lettland habe ich früher schon gesehen. Die Frauen stehen frierend Schlange, um erschossen zu werden.

Meine Mutter hat ab 1943 im Vorzimmer des Polizeipräsidenten in diesem Präsidium gearbeitet. Sie sagt, als sie dort hinkam, sei »schon alles vorbeigewesen«. Was vorbei war, hat sie nie ausgesprochen. Ein Konzentrationslager habe sie nie gesehen. Das von Riga war im Zentrum, in der alten Burg. Im Januar 1942 lebten nur noch fünftausend der lettischen Juden. Das Rigaer Ghetto wurde erst Ende 1943 liquidiert. Bis dahin kamen noch Transporte deutscher, polnischer und französischer Juden an.

Endlich fahre ich nach Hannover. Das Archiv ist ein modernes

Gebäude, das vorwiegend aus unterirdischen Räumen besteht. Unter der Erde ist die Staatsgeschichte eingebunkert, von den Welfen bis heute. Ich werde in einen kleinen, modernen Lesesaal gebracht, muß unterschreiben, daß ich nichts namentlich zitiere. Ein Landesgesetz schützt das Wissen um die ehemaligen Nazis. Mir wird ein schmaler, fahlgrün-verblichener Schnellhefter vorgelegt. Darauf stehen Vaters Name, der Vermerk über die Gebührenliste und eine Gebührenregisternummer. Zwanzig Mark kostete die Entnazifizierung. Fast bin ich enttäuscht, daß mir nicht Berge von Ermittlungsakten vorgelegt werden.

Ich beginne zu blättern. Das Material basiert auf dem Fragebogen der Alliierten. Vater hatte sich für dieses Entnazifizierungsverfahren im niedersächsischen Staatsdienst beworben. Dort sei es am leichtesten, hatte er meiner Mutter geschrieben. Am Fragebogen merke ich, wieviel Alltägliches ich noch nicht weiß. Nun erfahre ich es auf diesem Weg, daß seine Augen grau waren, daß er 1,73 Meter maß, gerade zehn Zentimeter größer als ich. Kein Wunder, daß mir die Brüder nicht gerade riesig vorkommen. Gewogen hat er damals 55 kg. Er war fünf Jahre älter als meine Mutter.

Dann die Auslandsaufenthalte. Aus der Zeit mit meiner Mutter ist keiner dabei. Im Krieg konnte man nicht reisen, da wurde man nur stationiert, innerlich ahme ich den abwehrenden Tonfall meiner Mutter nach. Studiert hat Vater an der Friedrich Wilhelm Universität in Berlin und dann beim Berliner Kammergericht gearbeitet. Und bei den Wahlen 1932 habe er für die Deutsche Volkspartei gestimmt, gibt er an, und 1933, als die Nazis die Macht übernahmen, gar nicht gewählt. Da befand er sich im Ausland.

Vielleicht läßt sich aus seinem Lohn mehr ersehen, denke ich, obwohl mir Vergleichsdaten fehlen. Als Gerichtsassessor bekam er viertausend Reichsmark, als Landgerichtsrat fünftausend, als Oberregierungsrat 7200 RM. In Riga betrug sein Gehalt achttausend, also hat er im Krieg keinen Karrieresprung gemacht. Unmittelbar nach dem Krieg arbeitete er als wissenschaftlicher Hilfsarbeiter und verdiente achthundert Reichsmark. Eine Vermögensliste weist aus, daß, neben den zwei Häusern seiner Frau, seiner Mutter ein Gartengrundstück gehörte.

In den Anlagen zum alliierten Fragebogen folgt Vaters ge-
schraubt gefaßte Begründung, warum er der NSDAP beitrat. In
seiner Sprache, die anders ist als in den Briefen an meine Mutter, begegne ich einer neuen Seite: »Zu Beginn des Jahres 1933
befand ich mich als Gerichtsreferendar im Rahmen der Justizausbildung bei dem Landgericht und der Staatsanwaltschaft in
Potsdam. Im April 1933 wurde, nachdem bereits die meisten
Justizbeamten und Rechtsanwälte den Eintritt in die NSDAP
vollzogen hatten, den nicht der NSDAP oder einer ihrer Gliederungen angehörenden Gerichtsreferendaren von dem zustän-
digen Ausbildungsleiter Landrichter Dr. L. erklärt, daß wir mit
einer Fortsetzung der Justizausbildung, Zulassung zum Ab-
schlußexamen (große juristische Staatsprüfung) und Zulassung
zum Staatsdienst oder der Anwaltschaft nur rechnen könnten,
wenn wir der NSDAP, einer ihrer Gliederungen und dem
NSRB (Nationalsozialistischer Rechtswahrerbund) beiträten.
Angesichts der damals in den akademischen Berufen beste-
henden ungeheuren Arbeitslosigkeit und der schon offen erwo-
genen, später auch bald verhängten Laufbahnsperren folgten
damals sämtliche Potsdamer Gerichtsreferendare dieser Auffor-
derung.« Dem Druck habe er sich nicht entziehen können:
»Die Aufnahmeanträge wurden uns dienstlich übergeben. Ich
bin auf diese Weise am 28. 4. 1933 der NSDAP und dem NSRB
beigetreten in der Hoffnung, daß mit dem formellen Parteibei-
tritt kein Zwang zu aktiver politischer Betätigung verbunden
und der Eintritt in eine Gliederung zu vermeiden sein würde.«
Vater rutschte weiter in die Politik hinein. »Die aktive politische Betätigung wurde aber im Laufe des Jahres 1933 wieder
dienstlich gefordert. Auf meine Weigerung, einer Gliederung
der Partei beizutreten, wurden erneut die gleichen Androhun-
gen dienstlich vorgebracht, so daß ich mich Ende November
1933 entschloß, als SA-Anwärter in die SA einzutreten. Ich habe
am SA-Dienst jedoch nur ungefähr vier Monate teilgenommen,
habe dann die Umorganisation der SA nach dem 30. 6. 1934, bei
der ich dem Reservesturm zugeteilt wurde, benutzt, mich überhaupt vom SA-Dienst fernzuhalten. Im Jahre 1935 wurde mir
der Ausschluß aus der SA wegen Interesselosigkeit angedroht.

Ich habe dann mit vorgeschützten Krankheiten und dienstlicher Überlastung erreicht, daß ich zu Anfang des Jahres 1936 aus der SA entlassen wurde.«

Kleine Widerstandshandlungen hob er hervor: »Ich habe stets alles versucht, um mich einer Tätigkeit innerhalb der NSDAP und SA zu entziehen. Ich habe mich in meiner beruflichen Tätigkeit, die mich stets ganz ausgefüllt hat, häufig in offenem Gegensatz zur NSDAP gesetzt und mich innerlich nie zugehörig gefühlt, weil ich nie aus freiem Entschluß zum Beitritt in eine NS-Organisation gekommen bin.« Immerhin: zum Märtyrer machte er sich deshalb nicht: »Innerhalb meiner beruflichen Tätigkeit sind mir aus meiner zurückhaltenden Einstellung zur NSDAP später keine Schwierigkeiten mehr erwachsen, als ich in das Preußische Finanzministerium eintrat. Ich galt jedoch in allen meinen beruflichen Stellungen, vorwiegend aber bei dem Reichskommissar für das Ostland, als politisch inaktives Mitglied der NSDAP, dem nicht ohne weiteres Zuverlässigkeit und Vertrauenswürdigkeit zuzuerkennen war.«

Schon bald nach der Besetzung Lettlands ging Vater nach Riga. Eine leitende Position in der Ostverwaltung hatte er nicht, sondern gehörte nach wie vor dem Preußischen Finanzministerium an, beschäftigte sich mit der gewerblichen Wirtschaft und der Wirtschaftsorganisation. »Ich habe der Verwaltung der besetzten Ostgebiete nie als sogenannter Verwaltungsführer angehört, sondern mich mit Unterstützung des Staatsministers Prof. Dr. Popitz als Preußischem Finanzminister geweigert, zu dieser Verwaltung übernommen zu werden. Ich habe ebenfalls nie die Uniform der Ostverwaltung getragen, obwohl allen, auch den nur abgeordneten Beamten das Tragen der Uniform zur unbedingten Pflicht gemacht worden war.«

Vater mußte für die Entnazifizierung Gutachten beibringen. Eines davon stammt von seinem damaligen Hamburger Vorgesetzten. Der hatte als führender Sozialdemokrat 1933 Berufsverbot bekommen. Der beurteilte ihn damals, unmittelbar nach dem Krieg. Vater war ihm seit Juni dieses Jahres bekannt: »Ich habe in diesen Monaten Herrn… in meiner unmittelbaren Nähe im amtlichen und privaten Verkehr aufs genauste beobachten können. Er entstammt einfachen Verhältnissen und hat sich sein Studium mühsam verdienen müssen.« An anderer Stelle dieser Begutachtung heißt es: »Herr... ist später persönlicher Referent des preußischen Finanzministers Dr. Popitz gewesen, er hat mit diesem persönlich noch bis zum 20. Juli 1944 laufend in Verbindung gestanden und hat ihn fast regelmäßig auf seinen Reisen nach Berlin privatim besucht. Dr. Popitz gehörte zu den Verschwörern des 20. Juli.« Aber daß Vater mit dem Widerstand direkt zu tun gehabt hätte, kann ich den Unterlagen nicht entnehmen.

Er hielte es »für unerträglich im Sinne der Erfordernisse eines Neubaus der deutschen Verwaltung«, setzt sich der Vorgesetzte für Vater ein, »wenn Kräfte wie Herr... wegen der erzwungenen Zugehörigkeit zur nationalsozialistischen Partei für eine amtliche Verwendung der in ihnen ruhenden Erfahrungsschätze und Möglichkeiten nicht mehr in Frage kommen könnten. Ich weiß aus dem Munde mehrerer Beobachter, die ihn aus jener Zeit kennen, daß er sich mit der despektierlichsten Weise über die nationalsozialistischen Größen der Ostverwaltung mokiert hat, daß er sich standhaft und erfolgreich geweigert hatte, jemals Uniform anzuziehen und daß er sich in der Durchsetzung seiner schwierigen Aufgaben unter Lösung von den nationalsozialistischen Abhängigkeiten auf die Wehrmacht gestützt hat, die dort nicht nationalsozialistisch gebunden war.«

Der Akte entnehme ich, daß die Entnazifizierungsverhandlung im Regierungsgebäude in Hannover im kleinen Saal stattfinden sollte. Zum anberaumten Termin erschien Vater nicht. Die Kommission mahnte per Einschreiben, daß er vor dem Hauptausschuß gehört werden müsse. In einem zweiten Einschreibbrief wurde er noch einmal ins Regierungsgebäude geladen. Der Brief trägt einen handschriftlichen Vermerk: »Sollten Sie wieder nicht erscheinen, so wird ohne Sie verhandelt werden.«

Kurz vor dem Folgetermin wurde dem Entnazifizierungsausschuß ein Telegramm von Vaters Vorgesetztem zugesprochen: »Referent... wegen dringendster ernährungswirtschaftlicher Verhandlungen in Hamburg unabkömmlich Stop Telefonische Verständigung von Dr. L erfolgt. Zentralernaehr, Hamburg,

H. P. Ministerialdirektor.« Vater schrieb auch selbst mit dem Briefkopf Zentralamt für Ernährung und Landwirtschaft in der britischen Zone, daß die gegenwärtige Ernährungskrise es mit sich bringe, daß er derzeit unabkömmlich sei: »Ich kann zur Zeit angesichts der besonders kritischen Situation meinen Schreibtisch überhaupt nicht verlassen.« Außerdem sei ihm in einem Gespräch zugesagt worden, die Verhandlung könne aufgrund der Akten erfolgen.

Einem weiteren Brief entnehme ich, daß Vater seine Bewerbung in Niedersachsen zurückzog, weil er vorläufig im Hamburger Amt bleiben konnte. Die Hannoveraner Ermittlungen wurden deshalb nicht eingestellt. Der Vorsitzende des Entnazifizierungsausschusses telegraphierte Vater: »Akten werden hier weiter bearbeitet. Stop. Verhandlung 4. Dezember. Stop. Ladung folgt. Stop. Bei Nichterscheinen findet Verhandlung trotzdem statt.«

Im Februar 1947 ist immer noch keine Entscheidung gefallen. Vater saß auf Kohlen. Vaters Vorgesetzter wandte sich ein weiteres Mal an das niedersächsische Amt: Die »Denazifizierung seinerzeit in Hannover anhängig gemacht, läuft nun schon seit mehreren Monaten. Im Vertrauen darauf, daß eine Klärung schnell durchgeführt wurde, ist der als vorübergehend angesehenen Beschäftigung des Herrn… hier zugestimmt worden. Es erweist sich indes nun, daß eine klare Entscheidung in Kürze erwartet werden muß, wenn sich nicht an diesen Fall Schlußfolgerungen knüpfen sollen, die für das Amt unerträglich wären.« Entweder solle das Verfahren an Hamburg abgegeben oder aber schnell beendet werden. Mitte Februar erging der Entnazifizierungsbescheid im schriftlichen Verfahren. Aufgrund des niedersächsischen Rechts lautete die Entscheidung: »…ist entlastet (Kategorie V)«. Vorbehalte, Vater im Staatsdienst zu beschäftigen, gab es keine.

Dennoch hat die Entscheidung wahrscheinlich Vater die Stelle gekostet. Zwar wird anerkannt, daß der Eintritt in die Partei von denen, die noch keine Beamten waren, anders zu bewerten sei als der von lebenslänglich Verbeamteten, aber man bemängelt die Position, die Vater in Riga hatte. In der zweisprachigen Stellungnahme des Deutschen Entnazifizierungshauptausschuß / Opinion Sheet German Denazification Panel heißt es: »Immerhin bleibt fraglich, ob Referent... es schließlich nicht doch ermöglicht haben könnte, sich von einer Dienststellung fern zu halten, die die Interessen der nationalsozialistischen Kriegsführung im besonderen Maße diente.« Deshalb hielt man »seine Verwendung in leitender Stellung als Behördenchef oder Abteilungsleiter für untunlich.«

In der zweiten Hälfte des Jahres 1950 hatte Vater die zwanzig Mark Gebühren für die Entnazifizierungsurkunde immer noch nicht entrichtet. Vater rechtfertigte sich trotzig: In dem Bescheid sei angegeben, der Beklagte habe »DM –,– zu zahlen«, und er bitte »um Aufklärung, aus welchem Grund nunmehr eine Zahlungspflicht angenommen werden muß«. Vater wartete bockig mit der Zahlung, bis ihm auch in diesem Fall der öffentliche Kläger mit Strafe drohte.

Nach wenigen Stunden schon kann ich das Archiv verlassen. So schlimm, wie ich befürchtet habe, war es gar nicht. Ich habe kaum mehr gefunden, als ich ohnehin schon wußte. Dann mache ich mir klar: In einem so lapidaren Verfahren hätte nichts aufgeklärt werden können. Eigene Ermittlungen hat der Ausschuß so gut wie keine angestellt.

An meinen Ängsten habe ich den Unterschied gespürt: Sich die Entnazifizierungsakte des eigenen Vaters anzusehen, weckt andere Ängste, kostet Kraft. Ich begann um meine Fähigkeit, über Vater wie über einen Unbekannten zu urteilen, zu fürchten. Solange ich seine – geringen – beruflichen Nachteile durch die Entnazifizierung mit der Trennung meiner beiden Elternteile verknüpfe, bin ich sogar wütend auf die Entnazifizierer. Hätte ich in die Lage geraten können, ihn zu decken? Ihn vor mir zu entschuldigen, nur um meine Liebe zu ihm nicht aufgeben zu müssen? Eine Zeitlang während meiner Vatersuche kommt mir das so vor.

Dann meldet sich ein drittes Gefühl: Ich bin enttäuscht. Hätte er doch zu den Tätern großen Stils gehört, dann wäre es leicht gewesen, mich von ihm loszusagen. Es wäre mir abgenommen worden, an meine eigene, häßliche, private Wut gegen ihn heranzukommen. Das ist wohl der Grund, warum ich mir diese Akte zugemutet habe. Jetzt bin ich ratlos: Diesem kleinen Mitläufer, der mal was für die Juden tat, mal im System funktionierte, kann man doch nur Mitleid entgegenbringen.

Eine dritte Beerdigung

Wochen später bin ich auf dem Weg nach Straßburg, um dort meine neue Freundin abzuholen. Unterwegs fahre ich an Ettlingen vorbei. Wie im Sog zieht es mich auf einmal von der Autobahn weg, hin zu Vaters Grab. Nicht weil ich Vater noch einmal besuchen möchte, sondern weil mich völlig unvorbereitet eine unerklärbare, ohnmächtige Wut gegen ihn erfaßt. »Du hast das alles angerichtet«, tobe ich hinter dem Steuer. »Du hast mein Leben verpfuscht.« Am liebsten würde ich auf das Lenkrad einschlagen, als wäre es der mich steuernde Vater. Meine Phantasie ist voll von Mordgelüsten. Ich sehe mich auf dem Grab die Stiefmütterchen kaputt treten, den Grabstein in tausend Stücke zerschlagen, seine letzte Heimstatt zertrampeln. Der Zorn, um den ich als Gegenpol so lange gerungen habe, überrumpelt mich, macht mir angst. Er kommt mir unendlich und so bodenlos vor, daß ich es kaum wage, ihn mir ganz anzusehen. »Schade«, sagt meine Therapeutin später. »Das hätte nur zehn Minuten gedauert.« Ich dagegen zwinge mich, meine Fahrtroute einzuhalten, um meine Freundin pünktlich am Straßburger Münster zu treffen.

Nur eine Woche später erfahre ich vom ältesten Bruder und seiner Frau, daß die Frau meines Vaters gestorben ist. Sie ist in Süddeutschland beigesetzt worden, wo der jüngere Bruder wohnt. In Ettlingen sei gerade der Antrag gestellt worden, das Grab meines Vaters ebenfalls nach Süddeutschland zu verlegen. »Du kommst doch zu der Beisetzung«, fragt die Schwägerin, »dann wärt ihr zu dritt dabei.«

DANK

So eine Vatersuche schafft man nicht allein. Aus diesem Grund danke ich Marlies Enneking, die mich ermutigt hat, nicht aufzugeben, sondern immer weiter zu suchen. Sie hat meine Vatersuche therapeutisch begleitet.

Unterstützung und Kritik verdanke ich Kathleen Bode und Annelie Runge sowie allen, die mir über ihre eigene Vatersuche oder die ihrer Freunde erzählt haben. Mut gemacht haben mir auch die, die mir erzählt haben, wie sie selbst reagierten, als eines ihrer vaterlos aufgewachsenen Halbgeschwister bei ihnen auftauchte. Mir hat auch jede geholfen, die mir zugehört hat und meine Suche wichtig fand.

Ich danke meinen beiden Brüdern, daß sie mir die Genehmigung gaben, aus ihren Briefen zu zitieren. Vor allem danke ich meiner Mutter, der diese Erlaubnis zu geben von allen am schwersten fiel, weil mein Buch ja auch eine Auseinandersetzung mit ihr und ihrer Geschichte ist.

FRAUEN

1198

1491

1387

Mit rücksichtloser Offenheit beschreibt Jane Lazarre in diesem autobiographischen Bericht Dinge, über die man sonst nicht spricht, und wenn, dann nur hinter vorgehaltener Hand: Es sind die dunklen Seiten der Mutterschaft. Humorvoll und scharfzüngig wird so eine der scheinbar sichersten Bastionen weiblicher Identität hinterfragt.

Ist Mutterliebe ein Instinkt der »weiblichen Natur«, oder ein Sozialverhalten, das sich mit der Zeit und den gesellschaftlichen Verhältnissen wandelt? Bislang galt sie in der öffentlichen Meinung als naturwüchsig und angeboren. »Die ironische Sachlichkeit ... macht dieses Buch, eine Abrechnung mit dem Mythos der Mutterliebe, zum Lesevergnügen.«
Süddeutsche Zeitung

Zwei Drittel aller Psychopharmaka werden von Frauen genommen – und viele von ihnen werden unmerklich und ohne jede Vorwarnung tablettensüchtig. In diesem umfassenden Aufklärungsbuch werden Hintergründe, z. B. Verschreibungspraxis, Informationen über psychische Krankheiten, und verschiedene Wege aus der Sucht vermittelt.

FRAUEN

Sibylle Mulot
Einen Mann für sich allein
Roman

1508

Monika Helfer
Ich lieb Dich überhaupt nicht mehr
Roman

1343

Barbara Yurtdas
Muttermord in Ephesos
Roman

1259

Sind Mönche monogamer als andere Männer? Das sollte man meinen, vor allem, wenn man aus tiefster protestantischer Provinz kommt, wie Elvira. Aber im frivolen Rom der 70er Jahre geht manches drunter und drüber. Auf der Suche nach einem wahrhaft treuen, soliden Mann versucht die Heldin Mönche und Priester zu bekehren, und lernt vieles dazu...

Weil es aus ist mit Gustav, dem Einzigen, muß Lisbeth sich mit Max zurechtfinden, dem Seifensieder, bei dem es halt sehr solide zugeht. Zum Glück gibt es noch Ferdinand, den Anarchisten, der Chaos in die Seifenidylle bringt. »Rabiate Rachepläne und putzmuntere Lebenslust halten sich vergnüglich die Waage.« *Welt am Sonntag*

Die Reise zweier Freundinnen in die Türkei, das Land der alten weiblichen Gottheiten Kybele, Artemis und der Großen Mutter von Catal Hüjük, wird zur spannenden Suche nach den ermordeten Müttern. Gesine, die Historikerin, verfolgt die Spuren des Matriarchats. Beate dagegen bemüht sich, das Grab und die Todesumstände ihrer Mutter herauszufinden.

Serie Piper Frauen

Michèle Fitoussi
Zum Teufel mit der Superfrau
Die Sucht nach Perfektion

1203

Zum Teufel mit den Superfrauen – Befreien Sie sich von der Last, perfekt zu sein!

Die Superfrau ist der neue Mythos, dem nachzueifern uns nach Kräften suggeriert wird. Da steht sie, effizient wie ein MacIntosh Plus, tagsüber in Chanel, abends in Alaïa, in der einen Hand der Laptop, in der anderen das klebrige Patschhändchen ihres schmollenden Engels, das eine Ohr am Telefon mit dem Delikatessenhändler, das andere in Direktwahl mit Tokio. Energisch schreitet sie aus zur Eroberung der Welt. Oder an den Rand des Abgrunds. Denn oft liegen Paradies und Hölle gefährlich nahe beieinander . . .

Der Sucht, gleichzeitig allen Ansprüchen zu genügen und perfekt zu sein, sind unzählige Frauen scheinbar ausweglos ausgeliefert. Michèle Fitoussi ist sicher, daß das Erkennen dieses Anspruchs nach totaler Vollkommenheit als Sucht schon hilfreich sein kann.